歴史文化ライブラリー
269

戦国を生きた公家の妻たち

後藤みち子

吉川弘文館

目　次

妻にとっての戦国時代――プロローグ

1　妻にとっての戦国時代

　このところ、家族のあり方や女性の社会進出など、女性をとりまく状況の変容によって、お墓や名字《みようじ》に対する現代的関心が高まっているように感じられる。しかし、このお墓や名字について、いつごろから夫婦が同じ墓に葬られるようになったのか、また妻が婚家の名字を名乗るようになったのかは、あまり知られていないのではないだろうか。ものごとは急に変化するものではなく、長い年月を経て、段階を踏んで変化していく。

　お墓についていえば、父系直系家族が代々葬られる「○○家の墓」は、一般的に明治時代に成立するもので、それほど長い伝統ではない。平安時代には女性は結婚していても実家の父の墓地に入るので、夫婦別墓地である。妻が婚家の墓地に埋葬され、夫婦が同墓地になるのは戦国時代からである。名字についても、平安時代の女性は「夫婦別姓」であるが、妻が婚家の名字を名乗ることが定着してくるのも、戦国時代である。このように妻にとって戦国時代は、実家から婚家へ帰属が変化していく時期だということができる。

では、そのような変化をもたらした戦国時代とはどんな時代だったのだろうか。まず、いつごろにあたるのかというと、応仁《おうにん》元年（一四六七）五月二十六日、京都で応仁・文明《ぶんめい》の乱《らん》が勃発するが、これが戦国時代の幕開けであった。このころは、あの有名な八代将軍足利義政《あしかがよしまさ》の御台所《みだいどころ》日野富子《ひのとみこ》が活躍していたころである。そして、織田信長《おだのぶなが》が十五代将軍足利義昭《よしあき》を京都から追放して室町幕府《むろまちばくふ》が滅亡する天正《てんしょう》元年（一五七三）までの百余年間が戦国時代である。これは、室町時代（前期）と織田・豊臣《とよとみ》時代（安土《あずち》・桃山《ももやま》時代）とのあいだに入り、室町時代後期と重なり合う。

戦国時代というと武士の時代であり、武田信玄《たけだしんげん》や上杉謙信《うえすぎけんしん》が活躍し、合戦するイメージが強いだろう。一方、本書の題名にみる公家《くげ》の妻は、平安時代《へいあんじだい》の『源氏物語《げんじものがたり》』に登場するお姫様を想像し、戦国時代と公家の妻は結びつかないと思われるのではないだろうか。

戦国時代は京都が政治の中心地であり、京都には天皇の内裏《だいり》と室町幕府の政庁である花の御所《ごしょ》があり、その周辺には公家や武家《ぶけ》の邸宅が建てられていた。戦乱はあちこちで行われ、京都も応仁・文明の乱の時には焼け野原になってしまう。公家たちは縁を頼って奈良などに疎開したり、地方の家領《けりょう》に避難したりして、京都を離れるものも多かった。しかし、戦乱が落ち着いてくると、公家たちはもとの所へもどってくる。

戦国時代の妻といえば、NHKの大河ドラマ「功名が辻《こうみょうがつじ》」の山内一豊《やまうちかずとよ》の妻千代《ちよ》のような武士の妻たちが有名で、公家の妻についてはあまり知られていない。しかし、公家の妻たちも戦国の世を懸命に生き抜き、一方で戦国時代に花開く文化も楽しんでいた。

公家にとって戦国時代は、世襲《せしゅう》化されるようになった家業《かぎょう》を確立していく時代であった。それぞれの家の家長《かちょう》は、家業を確立するための努力をする。この時期になると、家長の正妻《せいさい》も家業の運営にとって重要な役割を分担し、家長に協力していく。そして、家業は父から嫡子《ちゃくし》に継承されるが、正妻の役割も、他家から嫁いできた父の正妻から嫡子の正妻に継承されていくようになる。

このように、正妻たちが家業の運営に協力していくようになると、正妻たちは婚家にとって重要な一員であると認識されるようになり、死後の世界も共にしたいという意識が夫にも、家の後継者にも生まれ、夫婦同墓地になっていく。戦国時代の妻にとって、夫と同墓地となり、婚家の墓地に入るようになるのは、婚家に認められたということで、喜ばしいことだったのである。

名字についても同じことがいえる。戦国時代になると、正妻は婚家の名字を名乗ること が定着してくる。ここでもやはり婚家の一員だからという認識が背景となって、夫婦同名 字になっていく。

しかし、これはあくまでも正妻の場合だけである。戦国時代は一夫一妻制《いっぷいっさいせい》が成立してお り、正妻はただ一人、嫁取《よめとり》儀式を挙げた妻であり、その他は妾《しょう》とされた。妾は婚家の一員 とは認められないので、夫と同じ墓地に入ることも、婚家の名字を名乗ることもできない。 正妻と妾の立場がはっきり区別されてくる時代でもあったのである。

本書では、戦国時代に生きた公家の正妻たちに焦点をしぼり、正妻たちがいかに家長を 支えて努力していったのか、そしてその努力が認められて、婚家の一員になっていく様子 を具体的にみていきたい。史料としては、公家の家長が書いた日記を使用していくが、妻 や家族のことを記した日記は少ない。このような史料的制約はあるが、出来るだけ多くの 事例を取り上げていきたいと思っている。

私はこれまで、摂関家の正妻を除いた一般公家の正妻についての研究をしてきたが (『中世公家の家と女性』)、公家の正妻といっても、摂関家の正妻と一般公家の正妻とでは、共通点と相違点がある。そこで、本書では摂関家の正妻を中心として、一般公家の正妻と比較しながら述べてみようと思う。

中世公家社会に生きた女性たち

公家社会のしくみ

古代から中世へ

これから公家《くげ》の妻たちについて述べていくが、その前に妻たちが生きた公家社会の基本的なことについて少しみていきたいと思う。古代社会から中世社会への転換を一言でいうと、「氏《うじ》から家《いえ》へ」ということになる。これは「氏」を単位とする社会から「家」を単位とする社会へと移り変わることを意味している。

古代の氏は、豪族《ごうぞく》の族長が血縁・非血縁を含む構成員を率いて、朝廷《ちょうてい》に仕える政治的な組織であり、天皇から与えられるカバネによって秩序化されていた。カバネとは、氏の政治的・社会的位置づけを示すために、天皇が与えた称号である。臣《おみ》・連《むらじ》などがあるが、七世紀後半に整理統合され、真人《まひと》・朝臣《あそん》・宿禰《すくね》がおもに用いられた。

ところが、八世紀末から九世紀初期にかけて、この氏は大きく変質する。それまでの母方への帰属を消滅させ、出生と同時に父方のみに帰属が決定される父系《ふけい》出自集団へと変質するのである。平安時代《へいあんじだい》の氏は、この変質してきた氏である。

平安時代になると、氏は広範囲に広がりすぎ、実質的な機能が低下してきたため、そのなかでいくつかの親族集団に分かれていく。これを一門《いちもん》と称した。たとえば藤原氏《ふじわらうじ》という氏のなかに、法性寺《ほっしょうじ》（藤原忠平《ただひら》が創建した寺院）を中心に藤原忠平の子孫が一門として結合するように、主として一門の祖にあたる祖先が建立した寺院を中心に、仏事を通じてその子孫が結合するものであった。こうして平安時代には、氏全体を把握する広い父系氏集団よりも、その下に重層的に存在する一門と称するより狭い父系親族集団の方が、現実的な政治的経済的集団として機能していた。

十二世紀前半には、氏と併存して家が成立してくる。しかし、家が成立してきても中世の人びとは氏の存在を意識しなくなったわけではなく、人びとは儀礼や人生の節目で氏への帰属を意識していた（高橋秀樹『中世の家と性』）。

中世の家は、家長《かちょう》である夫と妻子が中核となる生活や経営の単位の組織であり、朝廷や地方の政庁《せいちょう》である国衙《こくが》の官職《かんしょく》を継承することからはじまる。この官職は基本的に男性しかつけなかったから、「家」は本来、男性優位の組織として成立したのである。この中世における家というものは、現代における家庭とは異なり、特定の家業と、それを経営するための家産《かさん》（家の象徴である家記《かき》や家文書、財産の付属する所職《しょしき》など）を伝える社会組織であり、それが一定の血縁集団によって運営されているのである。つまり、現代の一族経営の会社組織のようなものだと考えていただければいいだろう。

この中世の家は、鎌倉時代《かまくらじだい》後期から南北朝時代《なんぼくちょうじだい》を境に、中世前期と後期で大きく二つに分かれる。中世前期は平安時代から鎌倉時代までで、支配者層の家は、家業である官職、中央貴族は朝廷官職を、代々継承する意識は生まれているが、まだ兄弟が継承することもあり、分裂を繰り返す時期であり、いくつかに分かれることが多い。さらに、中世前期の家は、家長である父や夫のみならず、母や妻も家長の代行としての力を発揮することができた。それを支えていたのは、女性が父母から相続した財産があったからである。

中世後期は、南北朝時代・室町時代《むろまちじだい》・戦国時代・織豊時代《しょくほうじだい》で、公家や武士の家は一つの組織として代々継承されていくようになる。家業である官職の世襲制《せしゅうせい》が確立してくる。家業と家産が一体化し、安定的に家が続いていくことを祈願して、家を興した祖先から父祖までの祖先を祀る祖先祭祀《そせんさいし》も盛んになる。また、父子で引き継がれていく家の名と家の墓地も成立してくる。家業や家産・祖先祭祀・家の名・家の墓地を一括して継承する家督は、一人の男性が相続する。家は家長が中心となって、家業の確立・継承に努力していく。

中世の公家社会

ここで「公家」という言葉について説明しておこう。公家と同じように天皇をとりまく朝廷の官人《かんじん》、とくに上層の廷臣《ていしん》を「貴族《きぞく》」ともいうが、貴族と公家はどのように区別されるのだろうか。

貴族とは、一般的にいって古代ないし中世における支配者(層)のことであるが、中世以降は、実権を握った武士との対比から公家といいならわしている。もともと公家とは、公《こう》庭《てい》・朝廷あるいは天皇の意味で、これに仕える廷臣がすなわち公家の衆《しゅう》であり、公家はその略称である。したがって、天皇と一体のものとして存在した貴族は、当初から公家(衆)に違いなかったが、歴史的には、あらたな支配者(層)となった武士(層)を、公家(衆)の呼称にならって武家《ぶけ》(衆)と呼ぶようになったのに伴い、公家(衆)の語も一般化していった。本書では、このならわしに従って、平安時代は貴族とし、室町・戦国時代は公家と称することとする。

我が国に律令制度《りつりょうせいど》が導入され、大和朝廷《やまとちょうてい》を支えた畿内豪族《ごうぞく》が律令官僚に組み変えられる過程で次第に成長したのが、平安時代の貴族である。

この貴族社会の身分体系の一つに位階制《いかいせい》がある。それは、正一位《しょういちい》から少初位下《しょうそいのげ》まで三十階におよぶ位階によって秩序づけられているが、律令制において三位《さんみ》以上を貴《き》、四・五位をそこに登りうる予備軍として通貴《つうき》と捉え、六位以下と差別する体系があった。

官職と位階との対応的関係をみると、貴は三位以上であるからほぼ大臣《だいじん》以下参議《さんぎ》におよぶ太政官《だいじょうかん》議定官《ぎじょうかん》に対応し、通貴はその他神祇官《じんぎかん》・八省《はっしょう》・諸職《しょしき》・諸寮《しょりょう》・諸国《しょこく》などの長《か》官・次官《みすけ》にほぼ対応する。平安時代を通して、摂関《せっかん》と六位以下から家業の世襲化が進み、鎌倉時代には五位以上にも広がっていったから、そのなかで貴・通貴・六位以下という差別は、各家の家格《かかく》を表示する意味も含んで、固定化・実体化の傾向を強めていった。と同時に、三位と四位の区別は前代以上に空洞化した結果、事実上、四位以上が貴（公卿《くぎょう》）、五位が通貴（大夫《たいふ》）、六位以下が地下《じげ》と修正・総称され、以下、江戸時代《えどじだい》にまでおよぶ公家身分の骨格となっていった。

また、貴族社会の階層的身分編成としては、家格の形成がある。家によって任叙《にんじょ》される官位に差が生じ、平安時代になるとそれが固定して、摂関になる家、大臣になりうる家などの階層ができて、貴族間に家格の観念が定着するようになる。さらにこの宮廷社会の底辺あるいは周辺にあって、これを支え、深く結びつきをもったものが、実務官人《じつむかんじん》である。

最上位を占める摂関家が、摂関と外戚《がいせき》の分離が前提となって確立してくるのは、平安時代末期である。皇室の外戚の地位は、摂関就任の条件とすら見なされてきたが、所詮《しょせん》、偶然的要素に左右される外戚に摂関が結合していては、摂関が特定の家門《かもん》に定着できない。ところが、偶然の結果ではあるが、後三条天皇《ごさんじょうてんのう》以降百五十年間、摂関は終始外戚の地位を獲得できなかった。これが逆に外戚を断ち切って、摂関家を成立させたのである。その後、摂関家は鎌倉幕府成立以降、摂関家分断策に屈し、五摂家《ごせつけ》分立という形態に変容する。

五摂家とは、近衛家《このえけ》・鷹司家《たかつかさけ》・九条家《くじょうけ》・二条家《にじょうけ》・一条家《いちじょうけ》である。摂関家の位階は、はじめ従五位上《じゅごいのじょう》か正五位下《しょうごいのげ》から立ち、参議を経ずに権中納言《ごんちゅうなごん》・権大納言《ごんだいなごん》・内大臣《ないだいじん》・右大臣《うだいじん》・左大臣《さだいじん》へと進み、摂政《せっしょう》や関白《かんぱく》に進む家格である。

清華家《せいがけ》は、公家の家格が形成されるに伴い、摂関家につぐ家格として平安時代末期に形成される。位階は従五位下《じゅごいのげ》から立ち、大臣まで進むが、近衛大将《このえのだいしょう》の官歴をもつものに限って清華家とした。「七清華」であったが、江戸時代になり広幡家《ひろはたけ》と醍醐家《だいごけ》の二家が加えられる。

大臣家《だいじんけ》は、従五位下から立ち、累代《るいだい》大臣になる家柄《いえがら》であるが、左右近衛大将の官歴を持たないことが、清華家と区別される。

羽林家《うりんけ》は、近衛中少将を経て大中納言に至る家格。平安時代末期から室町時代にかけて漸次《ぜんじ》形成され、江戸時代に入って家格として固定する。山科《やましな》・冷泉《れいぜい》などあわせて三十家ほどがこれに属するが、上流公家の庶流《しょりゅう》の多いのが目につく。装束《しょうぞく》および楽道《がくどう》の故実《こじつ》・技《ぎ》芸《げい》を伝える家が多いが、これは儀杖《ぎじょう》を任とする近衛将の職掌《しょくしょう》に由来するだろうとされている。

名家《めいけ》は、弁官《べんかん》・蔵人《くろうど》を経て、大納言に至る家格。やはり平安時代末期に形成される。弁官の職務上、文筆の才を含む実務能力が要求されたので、中流以下の貴族にも才職によってこの道に進む機会が与えられ、実際にはしだいに彼ら専用のルートとなっていった。

その他に、羽林家でも名家でもない、半家《はんけ》という家格がある。昇進を経て参議・大納言にのぼるが、参議にすらなれないことも多かった。公家身分では、摂関家から半家までを禁裏御所清涼殿《きんりごしょせいりょうでん》への昇殿《しょうでん》を累代許される「堂上《とうしょう》」といわれた。それに対して原則許されない「地下」がいた。

地下は、実務官人と権門諸家《けんもんしょけ》に仕える家司《けいし》とに大別される。実務官人は、平安時代末期から鎌倉時代にかけて、堂上公家の家格が形成されるに伴い、家格も固定してくる。実務官人は、専門的な知識・技能を家業として世襲した諸家である。太政官の筆頭の史《し》=官務《かんむ》

摂関家
近衛《このえ》・鷹司《たかつかさ》・九条《くじょう》・二条《にじょう》・一条《いちじょう》

清華家
三条《さんじょう》・今出川《いまでがわ》・大炊御門《おおいみかど》・花山院《かざんいん》・徳大寺《とくだいじ》・西園寺《さいおんじ》・久我《こが》

大臣家
中院《なかのいん》・正親町三条《おおぎまちさんじょう》・三条《さんじょう》西《にし》

羽林家
正親町《おおぎまち》・飛鳥井《あすかい》・四条《しじょう》・山科《やましな》・水無瀬《みなせ》・冷泉《れいぜい》など

名　家
日野《ひの》・甘露寺《かんろじ》・万里小路《までのこうじ》・勧修寺《かじゅうじ》・中御門《なかみかど》など

半　家
高倉《たかくら》・高辻《たかつじ》・唐橋《からはし》など

実務官人
大宮《おおみや》・壬生《みぶ》・押小路《おしこうじ》・平田《ひらた》など

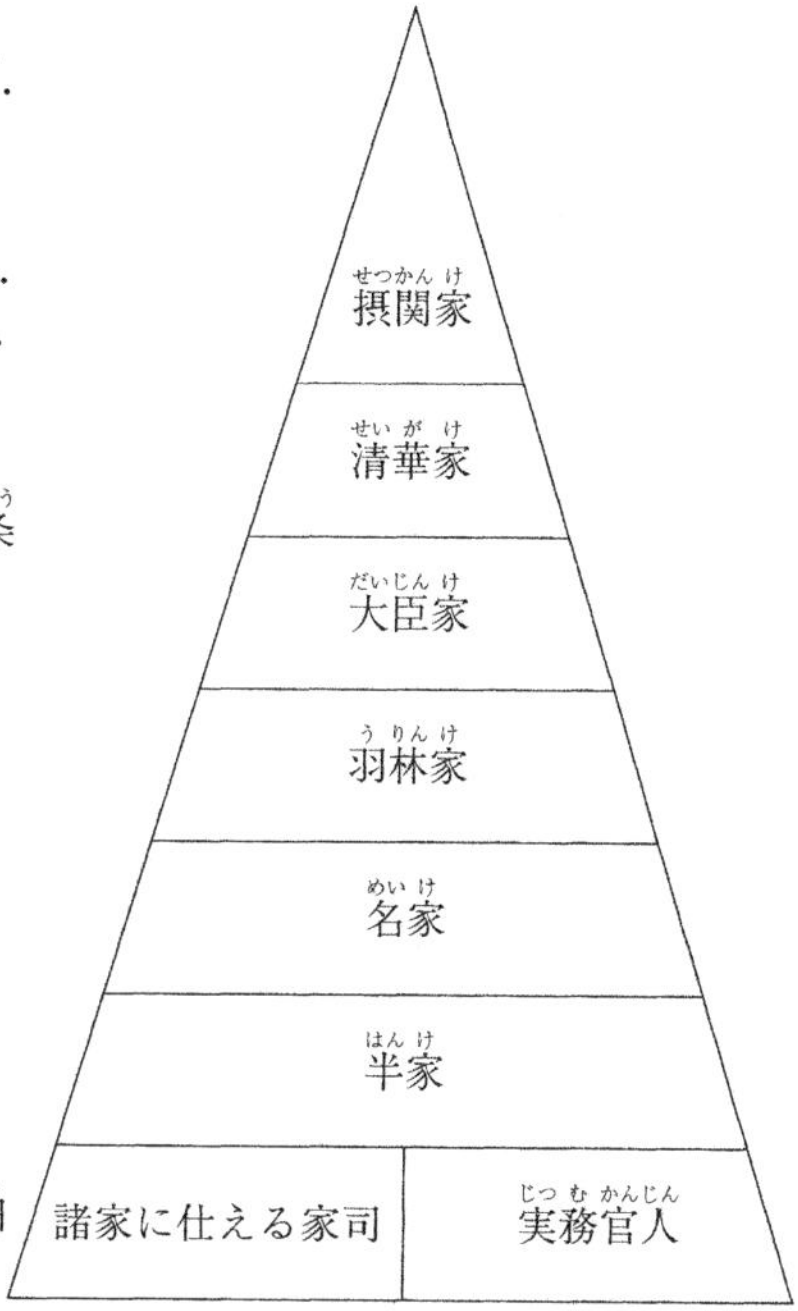

図1　戦国時代公家の家格

家格は平安時代から室町時代にかけて，漸次形成され，江戸時代に入って家格として固定された．その間，断絶・再興・分立がみられる．この家格表は本書に登場する家を中心に図示した．

を独占世襲した小槻氏《おづきうじ》や、これに並ぶ筆頭の外記《げき》＝局務《きよくむ》を中原氏《なかはらうじ》が世襲する。その後小槻氏は大宮家《おおみやけ》と壬生家《みぶけ》に分かれ、天文二十年（一五五一）になると大宮家は断絶し、官務は壬生家が継いでいく。局務は中原氏の嫡流《ちやくりゆう》押小路家《おしこうじけ》が世襲していく。また、戦国時代から平田家《ひらたけ》が蔵人所出納《くろうどどころすいのう》を世襲し、蔵人方《くろうどがた》を取り締まる催《もよおし》として地下六十余家を支配していく。

同じく地下身分で、権門諸家に仕える家司がいた。摂関家には殿上人《てんじょうびと》（雲客《うんかく》）・諸大夫《しょだいぶ》・侍《さむらい》、清華家・大臣家には諸大夫・侍といった有位者の家司がいた。これは広義の地下官人《じげかんじん》ともいえるだろう。このような家司の形態は室町時代に成立し、江戸時代には身分として固定化された。

中世公家の家業

家業というと、農業・商業といった職業を思い浮かべるかもしれないが、一つの家で代々受け継がれていくものという意識が最初に生まれたのは、公家の朝廷官職についてである。

平安時代の貴族の家では、家業である官職を代々継承する意識は生まれているが、まだ官職は兄弟が継承することもあり、家産も分割され、家もいくつかに分裂を繰り返す時期であった。ところが鎌倉時代になると、就任する官職が家によって固定化され、家格が成立してくる。そして、家格の頂点である摂関と、底辺の実務官人を中心に、家業が次第に父子直系に世襲継承される傾向を生むようになる。

まず摂関の家では、鎌倉時代初期に五摂家に分割されるが、父子継承すべきものという観念は揺るがず、五摂家各家の家長が順々にその地位を継承するかたちになる。

下級実務官人においても、平安時代ごろから子が必ず父の勤めた官職に一定期間任じられるようになり、平安時代末ごろには父子が独占的に世襲される傾向が現れ、以後、固定家業化して近世に及ぶ。こうした方向は、文章道《もんじようどう》の菅原氏《すがわらうじ》や暦道《れきどう》・陰陽道《おんみようどう》の賀茂《かも》・安倍《あべ》氏《うじ》など、実務官人一般に見られる。

こうして摂関と下級実務官人の家業が世襲化されていくが、大臣以下五位以上の上中級官人一般は、平安時代のあいだはまだ家業世襲の傾向は強まらなかった。しかし鎌倉時代中期以降、朝廷の規模が縮小されるようになると、それとともに歌道《かどう》（京極《きようごく》・冷泉）・蹴《け》鞠《まり》（飛鳥井《あすかい》）・衣紋《えもん》（山科・高倉《たかくら》）などの文化的諸部門も家業と意識されるようになり、家業世襲化は五位以上官人の全体を覆うようになった。

このように世襲化された家業は、次のような二つの面を持っていた。

① 公家衆の「役《やく》」としての家業

表1　公家の家業表

家業	家名
神祇伯	白川・吉田
和歌	二条・冷泉・飛鳥井・三条西
文章博士	高辻・坊城・五条
明経	舟橋
能書	清水谷・持明院
神楽	綾小路・持明院・四辻・庭田・五辻・鷲尾・藪内・滋野井
楽　和琴	四辻・大炊御門
琵琶	伏見・西園寺・今出川・園・綾小路
箏	四辻・正親町・綾小路・藪内
笛	大炊御門・綾小路・徳大寺・久我・三条・甘露寺・橋本
笙	花山院・清水谷・松木・四条・山科
篳篥	綾小路
蹴鞠	飛鳥井・難波・冷泉・綾小路
装束	三条・大炊御門・高倉・山科
陰陽道	土御門

「諸家家業」（寛文8年版），橋本政宣『近世公家社会の研究』による．

②　家伝の学芸としての家業

①は摂関・清華・大臣・羽林・名家などの家格ごとの家業であり、②は和歌・文章博士《もんじょうはかせ》・蹴鞠・能書《のうしょ》・装束・陰陽道・楽などといった内容ごとの家業である（橋本政宣『近世公家社会の研究』吉川弘文館、二〇〇二年）。たとえば、摂関家の家業は①の家業にあたり、摂政関白の職を継承していくことが家業であり、②を家業とするのは和歌ならば三条西家などで、これは狭義の家業ということになる。狭義の家業と、家の関係は表1を参照してほしい。

戦国時代の家では、家産（家の象

徴である家記や家文書、財産の付属する所職など）と家業は一括して一人の家督相続者に継承されていくようになる。家業が世襲化されると、その運営は父子継承された家が請け負っていく。その場合、家業の代表責任者・運営責任者は男性家長であった。しかし、家妻《いえづま》（家長と役割分担して家を取り仕きる妻）は、家内において家業にかかわる重要な役割を担い、家長を補佐していった。公家の家は、おのおのが固有の家業をもって天皇とその権力に仕えるかたちになっていったのである。

公家の家と女性

平安時代の家と女性

平安時代になると、中世の家《いえ》が成立してくる。家業《かぎょう》である官職《かんしょく》の継承と家産《かさん》の継承が対応しはじめ、摂関家《せっかんけ》でも妻や親族の荘園《しょうえん》を集積し、摂関家の財産と認識しはじめるようになるのである。

しかし、中世前期には、官職に兄弟が相次いで就任する場合があった。その場合、家産も分割され、家がいくつかに分裂する。すなわち、家業と家産を一人が一括して相続する慣行は、まだ確立していなかったのである。これは財産相続のあり方にもあらわれている。平安時代には、貴族層でも女性が財産を相続することが多かった。ところが、平安時代後期になると、財産は娘にはさほど譲られなくなり、しかも、死後は実家に返される一期分《いちごぶん》が多くなる。財産は数人の主要な息子たちに分割される。その結果、数家に分かれるのである。

それでは、貴族の女性は結婚したのち、誰とどこに住むのだろうか。平安時代半ばごろまで、結婚当初は夫が婿入《むこい》りをして、妻の両親と同居する。これは妻方居住《つまかたきょじゅう》であり、母《ぼ》系《けい》家族が出現する。しかし、一定期間たつと、この家族は分解する。妻の両親が未婚の子どもたちを連れて、別の邸宅に移住したり、若い夫婦の方が、別の邸宅に移住する場合もある。この場合の家屋は、夫の両親が用意することも多い。平安時代後期になると、妻の両親が費用を出して婿取《むことり》儀式を行い、新婚夫婦の家屋は妻方で用意するが、妻の両親とは同居しなくなる。鎌倉時代になると、新婚当初から、妻が夫方所有の家屋に住む形態が主流となる。しかし、同じ屋敷の中に、父夫婦と息子夫婦が同居する父系二世代同居形態は、まだ成立していない。この時代は夫婦と未婚の子どもが同居家族であるが、これは現在の核家族とは違い、貴族の屋敷内には大勢の男女の使用人が働いていた。

家が成立してくると、家妻《いえづま》が誕生してくる。家妻とは、家長《かちょう》と役割分担して家の内部を取り仕切る妻のことである。平安時代は一夫多妻制《いっぷたさいせい》であり、どの妻とも婿取儀式を挙げ、夫と同居している妻が正妻《せいさい》となり、家妻になる。家妻が家内を取り仕切る権利を、民俗学の柳田國男の命名による研究用語である「主婦権(しゅふけん)」とも称している。平安時代の家では家業代表権、主な家産所有権や経営権は家長が保持し、家妻は家内の統括を行う。家妻の分担は、

①家財・寝所の管理
②家構成員の統括
③食料や衣料の調製と管理

などがあげられる。そして中世前期には、家妻の地位は父の妻が死去するまで、委譲されることはなかっただろうと考えられている。

つぎに、女性の名乗りについてであるが、平安時代には「氏《うじ》の名《な》」が用いられた。今日私たちが名乗っている姓《せい》・氏《し》は、正確には名字《みようじ》（家《いえ》の名《な》）であり、平安時代の「氏の名」とは全く別のものである。平安時代には「氏の名」＝姓とみなされている。源平藤橘《げんぺいとうきつ》に代表される平安時代の貴族の「氏の名」＝姓は支配層の族組織である氏の構成員が名乗る氏の名である。これに対して、名字（家の名）は、家という族集団の構成員が名乗る家の名である。しかし江戸時代になると、この姓（氏の名）と名字（家の名）の混同が進行し、それは明治時代に入ると決定的となったのである。

平安時代には、貴族や武士はもちろん、庶民でも天皇との関係が生じる際には「氏の名」の使用が一般的であり、女性も藤原氏女《ふじわらうじのにょ》・源氏女《みなもとうじのにょ》・平氏女《たいらうじのにょ》という具合に、「氏の名」を名乗った。この「氏の名」は結婚後も変わることはない。夫婦はみずからがそれまで属していた「氏の名」を結婚後もそのまま使用しつづけた。そのため、夫婦別氏（姓）になる。たとえば藤原氏の男性と平氏の女性が結婚した場合、女性はそのまま平氏であるため夫婦別氏（姓）となる。女性は氏のメンバーとみなされていたのである。

墓地については、平安時代は夫婦別墓地《ふうふべつぼち》であった。平安時代の墓地は、ある祖先の父系直系子孫を一門とする成員を対象とする一門墓《いちもんばか》＝氏墓《うじばか》であった。この一門墓＝氏墓の成立と対応して、異氏夫婦の別墓制が萌芽《ほうが》してくる。たとえば藤原道長《ふじわらのみちなが》と源倫子《みなもとのりんし》は大変仲のよい夫婦であった。しかし道長は藤原氏であったため、木幡《こはた》（宇治《うじ》）にある藤原一門の墓地に葬られる。倫子は仁和寺《にんなじ》の北にある父雅信《まさのぶ》の墓地に埋葬される。この墓地は雅信の父敦実《あつざね》の子孫の源氏一門の墓である。このように夫は藤原氏一門墓地へ、妻は実家の源氏一門墓地に埋葬され、夫婦別墓地であった。この場合も女性は氏のメンバーとみなされていたからである。

戦国時代の家と女性

平安時代に成立した中世の家は、戦国時代には確立していく。家の日記や文書・所領といった家産と家業を、嫡子《ちゃくし》一人が一括して継承していくようになる。家業の世襲化である。財産の所有については、鎌倉時代の嫡子・庶子《しょし》・女子への分割相続《ぶんかつそうぞく》であったが、南北朝時代になると嫡子の単独相続《たんどくそうぞく》に移るが、まだ女子には実家の親から一期分として所領が与えられていた。戦国時代になると、公家の家では、妻は婚家の収入の一部を配分され、これが妻の独自の財産となっていた。たとえば、三条西家《さんじょうにしけ》では家全体の経済があり、その中の一部が嫡子や妻たちに配分されている。家領《けりょう》播磨国穴無郷《はりまのくにあなしごう》（兵庫県）の年貢は実隆《さねたか》の妻の分となっており、実隆の子公条《きんえだ》の妻も独自の財産があり、実隆に銭を貸している。このように戦国時代になると、妻の経済的な結びつきは、実家から婚家へと移っていく。

平安時代には婿取儀式を挙げた妻が正妻となったが、戦国時代には嫁取《よめとり》儀式を挙げた妻が正妻となる。嫁取儀式を挙げるのは嫡子だけで、儀式を挙げた妻が正妻であり、次期家妻である。そして嫡子の正妻は、夫方の父の屋敷内にある独立した嫡子の住居に迎えられる。ここに父夫婦と嫡子夫婦が、夫方の屋敷に同居することになり、父子二世代同居・姑と嫁の同居がはじまる。その屋敷内には多くの男女の使用人が働いていた。

戦国時代の家では家業の代表権、家産の所有権や経営権は家長が保持している。家妻は家内の統括を行う。家妻は次のような役割をもつことになった。

①　家構成員の統括

②　食料や衣料の調製と管理

③　自邸で行うようになった家の祖先の追善仏事《ついぜんぶつじ》の運営

④　世襲化された家業に重要な分担を担い、家長を支えていく

①②の家の家政は平安時代と同じだが、新たに③④が加わった。家業は、家により異なるので、家妻のかかわり方も家業により異なってくる。この家妻の地位はある一定の期間がくると父の妻から嫡子の妻へ委譲されていくようになる（後述）。

このような家長が家を代表し、家妻が補佐していくことは武家でも同じであった。中国地方を統一した戦国大名《せんごくだいみょう》の毛利元就《もうりもとなり》は、「男は外を治め、女は内を治めるという金言」と手紙に書いているが、これは中世の武士の家のあり方をよく示している。

戦国時代には、摂関家でも一般公家でも名字（家の名）が成立している。女性も結婚すると、夫の家の一員と認識されるようになり、婚家の名字（家の名）＋家内の身分で呼ばれることが定着してくる。たとえば近衛《このえ》北政所《きたのまんどころ》とか、三条西東向《さんじょうにしひがしむき》などである。平安時

代に用いられていた「氏の名」は、用いられなくなったのではなく公的な場合は使用される。「氏の名」は結婚しても実家の氏を使用するので、戦国時代は夫婦別氏《ふうふべつうじ》であり、夫婦《ふうふ》同名字《どうみようじ》ということになる（後述）。

平安時代、女性は氏のメンバーとみなされていたため、死後も実家の墓地に埋葬され、夫婦別墓地となっていたが、戦国時代になり、家の墓地が形成されてくると、婚家の重要な構成員と認められるようになった正妻は、婚家の墓地に入っていくようになる。夫婦同《ふうふどう》墓地《ぼち》である（後述）。

中世の家が確立していく戦国時代とは、公家たちにとってはどのような時代だったのだろうか。

戦国時代の公家社会

室町時代の朝廷は、政治の実権が徐々に幕府に奪われ、朝廷の政治は、元《げん》号《ごう》制定や、叙位《じょい》、それに寺社関係など、主として儀式典礼《ぎしきてんれい》にほぼ限定されていた。しかし、その費用は幕府に頼らなければならない状態であった。そのような状態の時に応仁《おうにん》・文明《ぶんめい》の乱《らん》が起こったのである。戦国時代のはじまりである。

応仁・文明の乱後、武家政権の実権は十二代将軍義晴《よしはる》と管領細川高国《かんれいほそかわたかくに》へ、さらに高国を滅ぼした細川晴元《はるもと》の時代に移り変わっていく。このころ義晴は近衛尚通《このえひさみち》の娘と婚姻するが、これは近衛家と将軍との関係を強めるばかりではなく、朝廷はこの婚姻によって幕府との一体化を推し進め、公家社会の安定を意図したのである。

その後、将軍は義晴から十三代将軍義輝《よしてる》に移るが、実権は三好長慶《みよしながよし》が握るようになる。この時、後奈良天皇《ごならてんのう》および朝廷は将軍義輝と音信を交わしつつも、京都・畿内を支配する三好政権に接近する動向にあった。そのような状況のなか、義輝は近衛稙家《たねいえ》（尚通嫡子）の娘と婚姻し、引き続き近衛家との関係を結んだ。しかしその後、義輝政権の重鎮である細川晴元・細川氏綱《うじつな》・三好長慶がことごとく世を去ると、長慶没後実権を握った松永久秀《まつながひさひで》らに急襲され、義輝は自害した。義輝の実母である義晴御台所（近衛尚通の娘）なども、そのとき火中に身を投じている。義輝御台所（近衛稙家の娘）は助けられ、兄である近衛前久《さきひさ》のもとに送られている。これらは武士の抗争に公家たちも巻き込まれたことになる。

義輝暗殺後は、三好三人衆が主導権を持って、足利義維《よしつな》（十一代将軍義澄《よしずみ》の子）を父とする義栄《よしひで》を擁《よう》して新たな体制による支配を開始する。一方、義輝の弟義昭《よしあき》（母は義晴御台所で、近衛尚通の娘）が、兄の仇を討とうと、義栄・三好政権の対立者となる。その後三年間、将軍は空位であったが、義栄が十四代将軍に任命される。朝廷が将軍宣下になかなか踏み切れなかったのは、支配体制が安定しなかったので、情勢を見極めていたのであろう。しかし、その政権も織田信長《おだのぶなが》の権力を伴う義昭方と対決するが、その中で義栄は病没してしまう。

義昭の入京後、朝廷は義昭を正当な権力と認め、十五代将軍に任命している。室町幕府最後の将軍である。義昭には正妻がいない。将軍になったのであるから、近衛家など摂関家から正妻を迎えるはずである。しかし義昭は、自身の意にそむいたとして、当時関白であった近衛前久を京都から追い出している。そして幕府はその屋敷を壊し、用材を転用している。その原因は不明である。しかし、この事件が摂関家と義昭との婚姻を妨げてしまったのではないだろうか。

戦国時代の武家政権の抗争に対して天皇および朝廷は、武家の首長に寺社所領の保護や天皇家の静謐《せいひつ》、荘園体制の護持という役割に任じ、その首長はそれらの点に関して違反するものを追討《ついとう》するという権利が与えられた。そのため、戦国時代に公家衆・門跡衆《もんぜきしゅう》といった勢力の経済的基盤は大きく失われたが、その消滅には至らなかった。

このような政治的流れの中で、摂関家の人びとはどのように生きていたのだろうか。応仁の乱以降、公家衆は地方に下向することが多くみられるが、これは戦国時代の一つの特徴である。

摂関家の人びとは、応仁の乱勃発により京都の戦乱を回避して、京都近辺に疎開している。その中で最も多いのは奈良である。奈良の興福寺《こうふくじ》の一乗院《いちじょういん》の門跡は、摂関家の近衛家か鷹司《たかつかさ》家から入ることになっていた。この縁を頼って近衛房嗣《ふさつぐ》・政家《まさいえ》、鷹司房平《ふさひら》・政《まさ》平《ひら》が奈良に疎開している。また、興福寺の大乗院《だいじょういん》の門跡は、摂関家の九条家《くじょうけ》か一条家《いちじょうけ》から入ることになっていた。やはり、この縁を頼って一条兼良《かねよし》・政房《まさふさ》・冬良《ふゆよし》が奈良に疎開している。この場合、妻や子どもたちも同道し、戦乱が落ち着くと京都に帰っている。

一般公家の山科言国《やましなときくに》の場合は、戦火を避けて山科家が支配する山科東庄《やましなひがしのしょう》に家族たちと疎開する。東庄は京都の町から東に山一つ越えた山科の盆地にあった。山科家は御服《ごふく》を調製《ちょうせい》することを家業としていたが（九八頁参照）、この時期には疎開先で妻が「裁《た》ち縫《ぬ》う」工程を行い、家司《けいし》が京の邸宅に運んでいた。言国は、京と東庄を行き来していた。戦火がおさまると、妻をはじめ家族は京の邸宅に帰ってくる。

戦国時代の摂関家の正妻たち

摂政《せっしょう》・関白《かんぱく》に任ぜられる家柄である摂関家は、鎌倉時代に近衛・鷹司・九条・二条・一条の五摂家《ごせっけ》に分かれ、順々に摂関に任ぜられていく。なお、摂政・関白とならべて書いてきたが、戦国時代の後土御《ごつちみ》門《かど》・後柏原《ごかしわばら》・後奈良・正親町《おおぎまち》の歴代の天皇は、いずれも成人の天皇であったから、戦国時代には摂政は存在せず、この時代の摂関はいずれも関白であった。

摂関家は、正式な婚姻によって中宮《ちゅうぐう》や女御《にょうご》として天皇家に娘を入内《じゅだい》させ、外戚《がいせき》として政治的実権を握るのが本来の姿であった。しかし鎌倉時代以降、摂関の地位は保持しつづけるが、后妃《こうひ》を入れること自体は次第にまれになり、清華家《せいがけ》の西園寺家《さいおんじけ》をはじめとする他家の娘がそれに代わるようになる。さらに天皇家では正式な婚姻自体がだんだん行われなくなり、天皇家は一夫多妾《いっぷたしょうせい》制的な様相を深めてくる。室町時代以降、三百年ほどは皇后《こうごう》は立てられなくなる。戦国時代はちょうどその時期にあたる。次に皇后が立てられたのは、江戸時代のはじめ、徳川秀忠《とくがわひでただ》の娘和子《まさこ》が後水尾天皇《ごみずのおてんのう》の女御として入内し、立后《りっこう》の儀が行われ、皇后になった時である。

このように天皇家が皇后を立てなかった戦国時代、摂関家の娘たちはどうしたのだろうか。この時代、身分は重要視され、女性は自分の属する身分より高い男性と婚姻する。摂関家の娘たちは天皇家に入内できないとなると、同格の摂関家を相続する嫡子と婚姻する以外は結婚する相手がいなくなってしまう。そのため、幼いうちに尼僧院《にそういん》に入り、尼僧になることになる。その結果、摂関家の多くの女性が独身のまま一生を終えることになる。

摂関家筆頭の近衛家でも同じ状況であったが、戦国時代になると近衛家と足利将軍家との婚姻がはじまる。従来、将軍家の妻は、主として日野家《ひのけ》が出していた。たとえば八代将軍義政《よしまさ》の正妻富子《とみこ》は日野家出身である。しかし十二代将軍義晴の時、近衛尚通の娘が義晴の正妻となり、尚通の嫡子稙家の娘も、十三代将軍義輝の正妻となる。二代にわたって婚姻を結ぶが、その後に室町幕府が崩壊してしまうので、近衛家にとって将軍家と新たな婚姻を結んでいくという戦略は挫折してしまう。しかし、稙家の嫡子前久の娘前子《さきこ》が久しぶりに後陽成天皇《ごようぜいてんのう》（織豊《しょくほう》時代から江戸時代初期に在位）の女御として入内し、その後、後水尾天皇の母となる。この場合は豊臣秀吉の猶子《ゆうし》（名義だけの養子）としてであったが、ここに摂関家の近衛家と天皇家との婚姻が再開されるようになったのである。

戦国時代の摂関家の正妻は、同格の摂関家の娘か、一つ二つ下の家格の清華家か、大臣家《だいじんけ》から迎えている。たとえば近衛家は、清華家の徳大寺家《とくだいじけ》の娘を正妻に迎え、九条家では大臣家の三条西家の娘を正妻に迎えている。このように摂関家の娘が婚姻する場合は、摂関家かそれ以上でなければ婚姻しなかったが、正妻は摂関家か、一つ二つ下の家格《かかく》の家から迎えている。これは摂関家以下の家格の家の場合も同じであった。たとえば大臣家の三条西家では娘は、一人は家格の上の摂関家の九条家の正妻に、一人は家格の一つ下の羽林《うりん》家《け》の正親町家《おおぎまちけ》の正妻となる。正妻として迎えたのは、名家《めいけ》の甘露寺家《かんろじけ》や同じく名家の勧修《かじゅう》寺家《じけ》からで、大臣家より下の家格の家からであった。羽林家の山科家では、羽林家の冷泉《れいぜい》家《け》・名家の中御門家《なかみかどけ》・半家《はんけ》の高倉家《たかくらけ》から正妻を迎えている。娘は、同家格か、それ以上の家格の家の正妻となり、正妻として迎えるのは同格か、少し下の家格の家からだというのが普通だったようである。

このように公家の女性の婚姻には、身分が大きく関係している。そうなると、公家の妻のあり方も身分によって相違点があるのではないだろうか。そこで本書では、公家を家格によって、摂関家と、清華家・大臣家・羽林家・名家・半家といった上中流公家の二つに分け、後者を一般公家と称することとする。

摂関家の正妻は、夫が関白になると北政所を称するようになる。そして摂関家の家業は摂関家を継承していくことであるが、一般公家は学芸を家業としていくので、家業の内容が違うことになる。そのため、正妻が家妻として家業の運営に重要な分担を担っていくことは、摂関家でも一般公家でも同じであるが、かかわり方が違ってくる。この点は大きな相違点である。

一方、戦国時代になると、父子二世代同居・夫婦同名字・夫婦同墓地になるが、この点は同じである。

私は、これまで大臣家の三条西家・羽林家の山科家といった一般公家の正妻たちについて考察してきたが（『中世の公家の家と女性』）、本書では摂関家の正妻を中心とし、一般公家の正妻たちと比較しながらその共通点と相違点を述べていく。そして近世・近代と続く女性のあり方の出発点ともいえる戦国時代、摂関家の正妻たちは、どのように生き抜いていったのか、できるだけ当時の史料に沿って具体的にみていきたいと思う。史料としては、男性の家長が書いた日記を中心としていくが、女性史ではまだあまり活用されていない日記の紙背文書《しはいもんじょ》に残された妻の消息《しょうそく》も、使用していくことにする。

戦国時代の摂関家の正妻

摂関家の婚姻――嫁取儀式

日記に記された婚姻の語

戦国時代の公家の婚姻儀式は、公家の日記には「嫁娶《よめとり》の儀《ぎ》」と記されることが多い。「娶」の語の意味には歴史的変遷がある。「娶」は現在では「メトリテ」または「メトシテ」と訓《よ》んでいることが多い。「娶」という漢字は、もともとは中国社会で「女を取る」という意味の会意文字《かいいもじ》で、妻を迎える婚姻を表す語であった。中国社会では婚姻＝嫁取婚《よめとりこん》なので不思議ではなかったが、日本では婚姻の形が変化するので、古代から中世まで同じ語を使用する場合、実態を考慮していかなければならない。

現在の研究をふまえて述べてみると、八世紀以前は「ミアイテ」と訓むべきで、この時代の婚姻は男女の求愛・求婚の意思表示で始まり、結合の事実（ミアウ）で成立する妻問《つまどい》婚《こん》のことである。八世紀の「律令《りつりよう》」や平安時代の記録あるいは古文書《こもんじよ》には「嫁娶」を使用しているが、この場合の実態は婿取《むこと》りである。「嫁娶」の語が「ヨメトリ」と訓み、嫁を取る実態として使用されるようになったのは、室町・戦国時代以降である（義江明子『日本古代女性史論』）。

婿取儀式から嫁取儀式へ

婿取儀式が成立したのは、平安時代中期だとされている。この時代は『源氏物語《げんじものがたり》』が執筆された時代で、平安貴族の婚姻儀礼は婿取儀式である。天皇の外戚《がいせき》となって貴族のトップに君臨した藤原道長《ふじわらのみちなが》と正妻源《みなもとの》倫子《りんし》との結婚は、典型的な婿取りのモデルとされている。

婿取儀式は妻の父母が、娘に婿を取る形態であった。儀式の費用は妻の父母が負担した。住居は、婚姻当初は妻方の両親と同居する妻方居住《つまかたきよじゆう》であるが、夫が生活基盤を獲得すると別居し、夫婦の独立居住になる。この婿取儀式は、貴族層では鎌倉時代前期ころまで行われたようである。

鎌倉時代中期ころになると、公家層でも婿取儀式から、嫁取《よめとり》儀式へと変容していく。摂関家でも近衛兼経《このえかねつね》と九条道家《くじようみちいえ》の娘の婚姻の場合、結婚当日から妻は実家の家司《けいし》や女房たちを従えて夫方の邸宅に入っている。このように鎌倉時代中期には夫方居住《おっとかたきょじゅう》ではあるが、まだ父子は同一屋敷に同居はしない。摂関家の場合、南北朝時代中ごろから室町時代にかけては、妻は家女房《いえのにょうぼう》（出自などが正妻の要件を満たさないために仕女《しじょ》という形態をとった妻）の場合が多くみられ、その場合には儀式は行われない。また一般公家の場合、南北朝時代から室町時代にかけては父と息子たちが、同一屋敷内に同居となり、それぞれ別棟に居住する。その住居に息子たちが妻を迎えるが、儀式は内輪だけの略儀ですませたようで、公示されていないことが多い。

摂関家・一般公家層で嫁取儀式の儀礼的な作法が整ってくるのは、応仁《おうにん》・文明《ぶんめい》の乱《らん》後の戦国時代になってからである。このころになると、嫁取儀式の様子が公家の日記に記されるようになり、他家の日記にもいつ・どこの家の息子がどこの家の娘と嫁娶《よめとり》の儀《ぎ》を挙げたかが記されるようになる。摂関家も一般公家の家も一子相続《いっしそうぞく》となり、嫁取儀式を挙げるのは家業の後継者である嫡子《ちゃくし》のみとなる。儀式を挙げた妻が正妻であり、次期家妻《いえづま》として社会的に認知されていく。父子は同一屋敷に別棟居住が一般的な居住形態となり、嫡子の住居に妻を迎えていく。

摂関家の婚姻

天皇家が皇后を立てなかった戦国時代、摂関家の娘たちは誰と婚姻したのだろうか。摂関家の娘は家格《かかく》の下の家の男性とは婚姻しない。

摂関家筆頭の近衛家では、房嗣《ふさつぐ》の時代・政家《まさいえ》の時代には娘はすべて尼僧院に入り、尼僧になっている。次の尚通《ひさみち》の時代と稙家《たねいえ》の時代には、娘は足利将軍の正妻になるが、他の娘たちはやはり尼僧になっている。近衛家の場合、摂関家の筆頭だったせいだろうか、娘が他の摂関家の男性とは婚姻していない。

一方、九条家《くじようけ》では政基《まさもと》の娘が一条冬良《いちじようふゆよし》の正妻となり（冬良の正妻は二条政嗣《にじようまさつぐ》の娘であったが、若くして亡くなってしまうので、そのあと政基の娘と婚姻する）、尚経《ひさつね》の娘が二条尹《ただ》房《ふさ》の正妻となっている。二条家では政嗣の娘が一条冬良の正妻となっている。一条家では兼良《かねよし》の娘が鷹司政平《まさひら》と婚姻する。このように九条家・二条家・一条家の娘たちは、摂関家の男性と婚姻するが、婚姻できない娘たちは、近衛家の場合と同じように尼僧院に入り、尼僧になっている。

では、摂関家に正妻として迎えられるのは、どの家からだろうか。近衛家では、尚通正妻は清華家《せいがけ》の徳大寺実淳《とくだいじさねあつ》の娘、稙家正妻は武家の細川高基の娘であるが、清華家の久我《こが》通《みち》言《のぶ》の猶子《ゆうし》（名義だけの養子）としている。鷹司家《たかつかさけ》では、政平正妻は摂関家の一条兼良の娘、

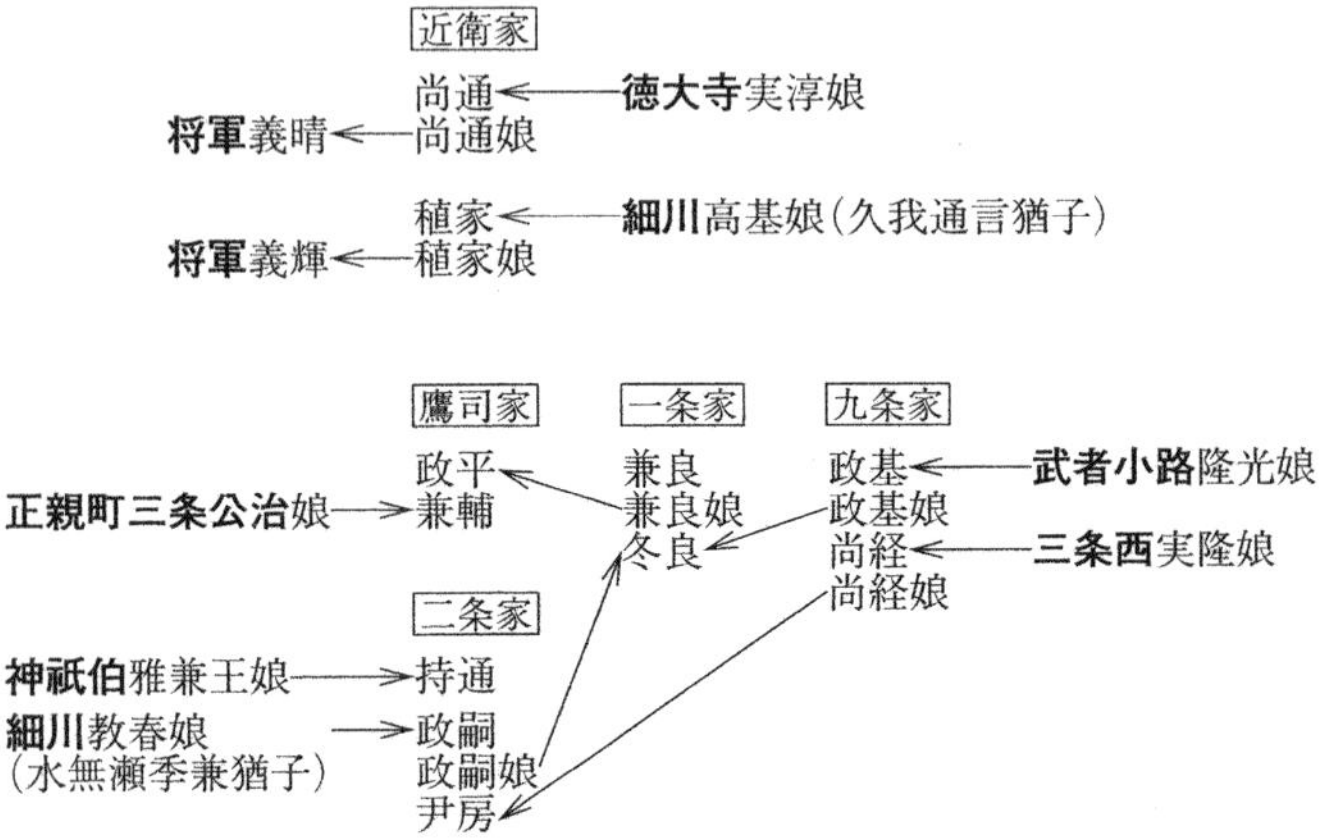

図2　摂関家婚姻による交流図（婚家←妻の実家をあらわす）

兼輔正妻は大臣家の正親町三条《おおぎまちさんじょう》公治の娘である。九条家では政基正妻は羽林《うりん》家の武者小路《むしゃのこうじ》隆光の娘、尚経正妻は大臣家の三条西実隆《さんじょうにしさねたか》の娘である。二条家では、持通《もちみち》の正妻は神祇伯《じんぎはく》雅兼王の娘、政嗣正妻は武家の細川教春の娘であるが、羽林家の水無瀬《みなせ》季兼《すえかね》の猶子となっている。尹房正妻は摂関家の九条尚経の娘である。一条家では、冬良が摂関家の二条政嗣の娘、その死後には九条政基の娘を正妻に迎えている。

このように摂関家正妻は、摂関家・清華家・大臣家といった上流公家層からが多く、同格か、一つ二つ下の家格から正妻を迎えている。この婚姻の様子が図2である。

図2をみるとよくわかると思うが、摂関家でも、近衛家は他の摂関家とは婚姻を結ばず、他の摂関

家は摂関家同士とどこかで結びついている。

嫁取儀式と婚姻の約束

摂関家・一般公家の嫁取儀式では、まず前もって夫の父から妻の父へ申し込みが行われ、それを妻の父が承諾して結婚の約束をしている。これは嫁取儀式の一つの特徴である。その様子をみてみよう。

摂関家の九条尚経と大臣家の三条西実隆の娘の場合、明応《めいおう》四年（一四九五）七月二十五日に嫁取儀式を挙げている。その十一日前の実隆の日記に、

今夕九条より息女のこと、今月中迎え給《たも》うべきの由、頻《しき》りに示し送らる。今において辞《じ》に拠《よりどころ》なきの間、且領状《かつりょうじょう》申し了《おわん》ぬ。

（原文は漢文体、以下同じ。『実隆公記』明応四年七月十一日条）

とある。九条政基から三条西実隆へ、実隆の娘を今月中に尚経の妻に迎えたいと申し込んできた。実隆は辞退する根拠もないので承諾したとある。前もって結婚の約束を、夫の父（九条政基）と妻の父（三条西実隆）が結んでいたのである。

このように、結婚の約束を前もって夫の父と妻の父が結んでいたことが、さらにくわしく史料的にわかるのが、一般公家同士の三条西公条《きんえだ》と甘露寺元長《かんろじもとなが》の娘の婚姻の場合である。

今日吉曜《きちよう》の間、甘露寺中納言の息女の事申し定む。

（『実隆公記』永正《えいしょう》二年十一月十九日条）

とあり、三条西実隆が、甘露寺元長の娘を息子の妻にしたいということを、元長に伝えている。それをうけて元長は「年来内々の契約なり」（『元長卿記』永正七年二月十三日条）と承諾している。そして四年後に納采《のうさい》（結納を取りかわすこと）を行っている。納采については、

富森小到来す。……越前《えちぜん》田野村公用千疋到来す。かの用脚《ようきやく》先ず以って甘露寺に預け遣わす。昏《たそがれ》に及び東向（実隆妻）書状これを書す。五百疋納采とし、折帋《おりがみ》これを遣わす。丁寧にこれを謝せらる。夜に入り黄門（甘露寺元長）来臨、巨細《きよさい》これを謝せらる。

（『実隆公記』永正六年十二月晦日条）

とある。夫方の三条西家では家領から年貢が届いたため、まず夫方から妻方に金銭を贈り、その後に夫の母（実隆妻）が書状を書き、そのうえで五〇〇疋を納采として贈ることを記した折紙を妻方に贈るという手続きをとっている。それに対して、妻の父（甘露寺元長）は夫方を訪問して謝し、後日、妻方から「納采引物《ひきもの》」として「絹三疋、杉原《すぎはら》十帖《じよう》」を贈っている（『実隆公記』永正七年正月十六日条）。

この記事は、納采の初見とされるものであるが、夫の父（三条西実隆）から納采が贈ら

れると、妻の父（甘露寺元長）がこれを謝し、引物を贈っている。このように前もって結婚の約束を行っている。

迎えの輿はどちらが用意するのか？

摂関家や公家の嫁取儀式では、妻が夫の家に入る場合、輿《こし》を用いた。輿の出立は夕刻になる。婚姻儀式が夜に行われるのは、平安時代に成立したと考えられている（服藤早苗「平安中期の婚姻と家・家族」）。

嫁取儀式の場合、この輿を妻方が用意するのか、夫方が用意するのかは、戦国時代にはまだはっきりせず、過渡期だったようである。

摂関家の近衛尚通と清華家の徳大寺実淳の娘は、明応六年（一四九七）七月二十六日に嫁取儀式を挙げる。妻は深夜、夫方で用意した輿に乗って、夫方に来る。妻が夫方へ来る輿について、妻方の徳大寺家では、数日前から夫方より輿入れに迎えの侍《さぶらい》一両人をよこしてほしいと依頼していたが、夫の父政家は先例がないという理由で断りの返答をしていた。ところが妻方から『園太暦《えんたいりゃく》』貞和《じょうわ》二年（一三四六）四月十六日条の近衛道嗣《みちつぐ》と洞院《とういん》公賢《きんかた》孫娘との婚礼の場合を先例として書き送ってきた。

近衛家では、道嗣の子以後政家まで四代のあいだは妻が家女房のため、儀式を挙げていない。そのため徳大寺家では一番近い先例として南北朝時代の道嗣の場合を送ってきたのであろう。その例では、夫方から車を送っているものであった。夫の父政家はしかたがなく、夫方から迎えの輿を送ることにするが、政家は日記に「件の例は不快」であるとし、「一向《いっこう》諸事は省略す」として婚姻儀礼のことは簡単に記しているだけである（『後法興院《ごほうこういん》記《き》』）。

他の例からも、どちらが輿の用意をしたのかみてみよう。

摂関家の九条尚経と大臣家の三条西実隆の娘は、明応四年（一四九五）七月二十五日に嫁取儀式を挙げている。妻が夫方へ向かう輿は、夫方が用意している。夫方からは青侍《あおざむらい》四人・雑色《ぞうしき》二人が迎えに行く。輿は日が暮れてから出立している。妻方からは官女《かんじょ》一人が従っていく。夜になって夫方の邸宅に到着する路地には、数十人の衆が迎えに出ていた。このように九条家は摂関家であるが、輿は夫方で用意しており、妻方は関与せず、妻の父である三条西実隆も日記『実隆公記』に「云々《うんぬん》」と記し、儀式の記事の最後には「千秋《せんしゅう》万歳《ばんぜい》珍重珍重」と記している。同じ摂関家である九条家の場合は、当然のことのように、輿は夫方が用意している。実隆はこの場合、妻の父であるがなにも問題にしていない（『実隆公記』）。

この実隆が、同じころ嫡子公条に甘露寺元長の娘を妻に迎え、永正《えいしょう》七年（一五一〇）二月十三日に嫁取儀式を行っている。今回、実隆は夫の父である。妻は夜一時ころ、妻方で用意した輿に乗って夫方の邸宅に来る。これを夫の父は「入《い》り来《きた》る」とだけ記している（『実隆公記』）。

同じく一般公家の山科言経《やましなときつね》と冷泉為満《れいぜいためみつ》の姉の場合、天正《てんしょう》四年（一五七六）二月二十四日に嫁取儀式を挙げている。当日、夫の父が輿を用意し、妻を迎えに行っている。夫方からは家司の妻・官女・下女が迎えに行き、妻方からは官女一人・侍二人・雑色一人・人夫二人が送ってきた（『言継卿記《ときつぐきょうき》』）。

以上の事例をみると、摂関家が一般公家の娘を妻として迎える場合、近衛家では妻方が用意すべきだと考えているが、結果的には先例に従って夫方が用意し、九条家では、はじめから夫方が用意している。一般公家同士の場合、三条西家では妻方が用意し、山科家では夫方が用意している。これらの事例から考えると、摂関家でも一般公家でも、まだ一定の形は決まっておらず、夫の父の考えで決められていたのだということはいえるだろう。近衛政家の場合、先例重視のため、夫の父の考えが入れられず、不快と思ったのであろう。その点から考えると、嫁取儀式は儀式としての形が過渡期だったといえる。

酒　宴

妻が夫方に到着すると、酒宴が行われる。まず、摂関家の近衛尚通と徳大寺実淳の娘の場合を見てみよう。夜、妻が夫方に到着すると、酒宴が行われる。「式三献《しきさんこん》、次にまた三献の事有り、次に休所において供御《くご》に向かう」（『後法興院記』明応六年七月二十六日条）とある。式三献とは酒宴の作法の一つで、酒肴や吸い物を出し、盃を客にたてまつり、三杯飲ませて膳を下げることを一献といい、それを三回くりかえすことをいう。三献までが饗宴《きょうえん》の次第の一つの区切りをなすとされ、これを正式の酒宴の形としているので式三献と称した。

近衛家の場合も、夫と妻のあいだで正式な形の式三献があり、さらに三献すすめている。その後、夫と妻は場所を夫の住居の方に移し、饗膳《きょうぜん》が供《きょう》されている。当日の酒宴の用意は夫方で行う。当日妻と夫の両親とは対面していない。

摂関家の九条尚経と三条西実隆の娘の場合は、五献を行い、この席で妻は夫の両親と対面している。この場合も、酒宴の用意は夫方である（『実隆公記』）。

一般公家の三条西公条と甘露寺元長の娘との場合も、夜一時ころ輿で妻がつくと、夫と妻とのあいだで式三献が行われ、饗膳が供される。この儀が終わると、夫の両親と妹が出座し、三献の祝いが行われた。当日、妻と夫の両親とは対面したことになる。酒宴の用意は夫方でしている（『実隆公記』）。

同じく一般公家の山科言経と冷泉為満の姉の場合、午後八時ころ妻は夫の邸宅に輿で来るが、夜まず夫と妻に、引渡《ひきわたし》（本膳に盃を三つ添えた膳部《ぜんぶ》）、雑煮《ぞうに》・吸物など三献がだされる。次に夫の両親と弟が出座し、晩食を相伴する。ここでも当日、妻と夫の両親が対面している（『言継卿記』）。

このように当日、妻は輿で夜、夫の邸宅に到着すると、まず夫と妻が「式三献」といわれる正式な作法で酒宴を行う。酒宴の用意は夫方がしている。ついで妻は夫の両親と対面する場合が多い。

三日目の儀式

嫁取儀式は、当日と三日目に行われる場合が多い。

摂関家の近衛尚通と徳大寺実淳の娘の場合には、妻は当日、夫の両親に対面していない。そのような場合には、三日目に「夜に入り、北方《きたのかた》に対面せしむ、一献の事あり」（明応六年七月二十八日条）とあり、夜、妻は夫の父と対面し、その後に酒宴が饗《きょう》されている（『後法興院記』）。

同じく摂関家の九条尚経と三条西実隆の娘の場合は、当日妻と夫の両親が対面しているためか、三日目の儀式の記事はみられない。しかし、たとえ当日対面していても、三日目の儀式は行われていたようである。

一般公家の三条西公条と甘露寺元長の娘の場合には、当日に妻は夫の両親に対面している。三日目に「早朝柳二荷三種を甘露寺に遣わす、三ケ日の儀祝詞《しゅくし》を表すなり、夜に入り祝着の儀三献これあり」（『実隆公記』永正七年二月十五日条）とある。この場合には三日目に、夫方から妻方に三日の祝儀として酒肴を贈り、挨拶している。夜には夫方で酒宴が饗されるが、妻方は参加しない。

同じく一般公家の山科言経と冷泉為満の姉の場合にも、当日妻は夫の両親に対面しているが、三日目の儀式の記事がある。三日目、夫方は妻方に祝儀として「柳三荷・三種、鯛一折三・鮒一折三・餅一折二百」とあり、酒肴と餅を送っている。晩には、夫方の使用人四十人余りを招き、晩食を振舞っている。これにより夫の家の使用人たちにも妻を披露したことになる（『言継卿記』）。

このように三日目には、当日に妻と夫の両親が対面していない場合には、この日に対面する。また、この日に夫の父から妻の父に祝詞を述べ、酒肴を贈り、共に祝っている。さらに、家の使用人に披露する宴も開かれている。

嫁取儀式と正妻

戦国時代の婚姻儀式は、摂関家においても一般公家においても、父子同一屋敷に別棟居住の嫡子の住居に妻を迎える嫁取儀式である。儀式を行う前に、夫の父と妻の父により、結婚の約束が行われる。これは嫁取儀式になってから行われるようになったものである。

儀式は、当日の儀式と三日目の儀式とで成り立っている。当日、夫と妻は「式三献」を行い、当日か、当日に対面がない場合には三日目に妻と夫の両親が対面する。また、一般公家の場合には、三日目には夫方から妻方に酒肴を贈り挨拶をしている。これによって両家の親睦がはかられているが、これは嫁取儀式になってから行われるものである。平安時代の婿取儀式では、三日目に行われる露顕《ところあらわし》と三日夜餅《みかのよのもちい》儀《のぎ》が重要だといわれている（服藤早苗「平安中期の婚姻と家・家族」）。嫁取儀式になると、内容は違ってきているが、三日目にも儀式を行うという点は、婿取儀式の形態が残されていたといえるだろう。

では、なぜ戦国時代になると、しばらくのあいだ内々だけの略儀ですませていた婚姻が、正式な嫁取儀式を挙げるようになったのであろうか。

戦国時代になると、世襲化された家業を確立していくために、正妻の協力が必要となってくる。正妻と認められるには、社会的に公認された儀式を挙げることが不可欠な要素であった。このために、戦国時代になると、摂関家でも一般公家でも、嫁取儀式が挙げられ、このことが他家の日記にも記されるようになったのである。

父の正妻・嫡子の正妻

正妻とは？

正妻は平安時代に成立してくる。摂関家《せっかんけ》では、社会的に告知される婿取儀《むことりぎ》式《しき》を挙げたうえで、夫と同居にいたった妻が正妻《せいさい》である。その成立時期は九世紀後半だとされた（梅村恵子「摂関家の正妻」）。しかし、最近の研究では、成立時期が少しずれている。

それによると、十世紀初頭に婿取儀式が成立し、儀式の中で重要な儀礼である三日餅《みかのよのもちいの》儀礼《ぎれい》を行った妻が正式な妻である。上層貴族層は一夫多妻制《いっぷたさいせい》であったが、その妻のうち、夫と同居の妻が「正妻」級であるものの、身分の高い妻と結婚すると、「正妻」の地位は移動する。正妻が確定してくるのは十世紀後半、藤原道長《ふじわらのみちなが》の段階であるとされている

（服藤早苗「平安中期の婚姻と家・家族」）。

戦国時代の正妻

平安時代に成立した正妻は、戦国時代にはどのように変化していったのだろうか。婚姻儀式を挙げることが正妻であることの要件であることは、戦国時代の正妻の場合も変わらない。しかし状況が違ってきている。

戦国時代になると、摂関家も一般公家でも一子《いっし》相続《そうぞく》になり、婚姻儀式を挙げるのは嫡《ちゃく》子《し》のみとなる。父子が同一屋敷に同居するようになり、その嫡子の住居に妻を迎えるようになる。婚姻儀式は嫁取《よめとり》儀式《ぎしき》に変容しており、嫁取儀式を挙げた嫡子の妻が嫡子の正妻である。この時代には一夫一妻が主流になっている。そして、夫方の同一屋敷に、父の正妻と嫡子の正妻が同居するようになる。

摂関家の正妻の婚姻関係

戦国時代の摂関家では、どのような家から正妻を迎え、婚姻関係を結んでいたのだろうか。まず史料的にはっきりするものを挙げてみよう。

○摂関家正妻の婚姻関係と嫡子関係

〈夫〉	〈正妻〉	〈正妻の実家の家格〉	〈嫡子〉
近衛尚通	徳大寺実淳娘	徳大寺家は清華家	稙家

近衛稙家	細川高基娘（久我通言猶子）	久我家は清華家	前久
鷹司政平	一条兼良娘	一条家は摂関家	兼輔
鷹司兼輔	正親町三条公治娘	正親町三条家は大臣家	忠冬
九条政基	武者小路隆光娘	武者小路家は羽林家	尚経
九条尚経	三条西実隆娘	三条西家は大臣家	稙通
二条持通	神祇伯雅兼王娘		政嗣
二条政嗣	細川教春娘（水無瀬季兼猶子）	水無瀬家は羽林家	尚基
二条尹房	九条尚経娘	九条家は摂関家	晴良
一条冬良	二条政嗣娘	二条家は摂関家	
	九条政基娘	九条家は摂関家	
一条房通	一条冬良娘	一条家は摂関家	兼冬

公家には摂関家・清華家《せいがけ》・大臣家《だいじんけ》・羽林家《うりんけ》・名家《めいけ》などといった家格《かかく》が固定されていた（一五頁参照）。右の一覧をみると、摂関家の正妻の実家の家格は、九条《くじょう》・二条《にじょう》・一条《いちじょう》といった摂関家同士、徳大寺《とくだいじ》といった清華家、三条西《さんじょうにし》・正親町三条《おおぎまちさんじょう》といった大臣家、武者《むしゃの》

小路《こうじ》といった羽林家である。

一方、武家の細川氏と結ばれる場合には、公家の清華家や羽林家の猶子《ゆうし》（名義だけの養子）となって婚姻関係を結んでいる。戦国時代の摂関家の正妻は、摂関家同士、あるいは上層の公家から迎えるのが普通であったといえる。

一般公家の正妻の婚姻関係

では、一般公家の場合は、どのような家から正妻を迎えていたのだろうか。史料的に正妻とはっきりする人びとを挙げておく。

	〈夫〉	〈正妻〉	〈正妻の実家の家格〉
三条西家（大臣家）	公保	甘露寺房長娘	甘露寺家は名家
	実隆	勧修寺教秀娘	勧修寺家は名家
	公条	甘露寺元長娘	
甘露寺家（名家）	元長	高倉永継娘	高倉家は半家
中御門家（名家）	宣胤	甘露寺親長娘	
	宣秀	吉田兼倶娘	吉田兼倶は神道家
山科家（羽林家）	言国	高倉永継娘	

言綱　中御門宣胤娘　中御門家は名家
言継　葉室頼嗣娘　葉室家は名家

戦国時代の一般公家の場合は、ほぼ同格の親しい公家同士が婚姻関係を結んでおり、この形が多かったといえる。

正妻が再び置かれた時期

摂関家で嫁取儀式を挙げた正妻が再び置かれるようになるのは、いつごろからであろうか。

近衛家では、室町時代末から戦国時代初期の政家《まさいえ》は「家女房《いえのにょうぼう》」を妻とし、この妻が後継者尚通《ひさみち》の生母である。その後、この妻が死去すると、五ヵ月後、公家の飛鳥井《あすかい》雅親《まさちか》の娘が「祗候《しこう》」している。この女性は、政家自身は日記『後法興院記《ごほうこういんき》』に「上﨟《じょうろう》」と記しているが、三条西実隆《さねたか》は日記『実隆公記《さねたかこうき》』の中では「妾《しょう》」と記しているので、他家では「妾」と思われていたのであろう。政家の場合には、尚通の生母である「家女房」も、その後に祗候した「上﨟」も正妻ではないが、他に正妻はおらず、時期的に重複していないので、基本的には一妻化に進んでいると考えられる。そして、その次の尚通の時代に、正妻化がみられるようになる。戦国時代の尚通になると、嫁取儀式を挙げた正妻が置かれるようになる。

　これと同じ流れが一条家にもみられる。海老澤美基氏の研究によれば、室町時代末から戦国時代初めの兼良《かねよし》は一夫多妻であるが、中年までは重複していなかったようで、兼良の子教房も一妻だったとされている。やはり戦国時代の兼良の子冬良《ふゆよし》の時になると、嫁取儀式を挙げた正妻が置かれるようになる（海老澤美基「中世後期の一条家の妻たち」）。

　摂関家で嫁取儀式を挙げた正妻が再び置かれるようになるのは、近衛家では尚通（一四七二―一五四四）、鷹司家《たかつかさけ》では政平《まさひら》（一四四五―一五一七）、九条家では政基《まさもと》（一四四五―一五一六）、二条家では政嗣《まさつぐ》（一四四四―八〇）、一条家では冬良（一四六四―一五一四）と戦国時代になってからである。

　嫁取儀式を挙げると、その妻が正妻であることが他家の日記にも記されていくので、社会的に認知されたことになる。嫡子が嫁取儀式を挙げた時点では、家妻《いえづま》は父の正妻である母であるが、嫡子の正妻は次期「家妻」であることが約束されていく。

　一般公家の場合、嫁取儀式を挙げたことが、史料にみられるようになるのは、やはり戦国時代になってからである。文明十三年（一四八一）二月十一日条に「今夜元長嫁娶《よめとり》の儀あり、藤宰相（永継）女《むすめ》なり」（『親長卿記《ちかながきょうき》』）とあり、甘露寺元長《かんろじもとなが》が嫁娶の儀式《ぎしき》を行い、高倉永継《たかくらながつぐ》の娘を妻に迎えている。これが早い例である。この例からみて、公家で嫁取儀式を挙げた正妻が置かれるようになるのは、戦国時代になってからで、摂関家とほぼ同じ時期ということになる。

正妻と後継者

正妻と家の後継者との関係はどうなっていたのだろうか。まず、摂関家の場合からみていく。『新摂関家伝《しんせつかんけでん》』（摂政または関白となった人の官歴を記したもの）で関白の生母をみてみると、鎌倉時代から「家女房」と記されている人がみられるようになる。

この点について、生母の尊卑が問われないということは公家の家が家として固定し、母方姻族の影響を失ったことを意味しているのではなかろうか。朝廷における家格が太政官体制と密着して、父系相承の家が確立していることの現象形態の一つと理解することはできないだろうかとされている（羽下徳彦「家と一族」『日本の社会史』第6巻、岩波書店、一九八八年）。

とくに近衛家の場合、鎌倉時代には生母が「家女房」なのは、九人中二人であるが、南北朝時代の道嗣《みちつぐ》（一三三二―八七）から戦国時代の尚通（一四七二―一五四四）までは、六人のうち、生母が「家女房」でないのは道嗣の嫡子兼嗣《かねつぐ》（一三六〇―八八）だけである。

「摂関家正妻の婚姻関係と嫡子関係」（五二頁）をみると、戦国時代になると、正妻の子が後継者となっている場合が多くなることがわかる。

では、一般公家の場合はどうだろうか。一般公家の場合も、戦国時代には正妻が後継者の実母であることが、一般的であった。嫁取儀式を挙げた正妻は、後継者の母になることで、正妻の座はさらに安定したものになっていく。そのことを裏づける史料が『実隆公記』にある。

これは一般公家の場合であるが、永正七年（一五一〇）、三条西公条《きんえだ》は嫁取儀式を挙げて、甘露寺元長の娘を妻に迎える。妻は正妻である。結婚から二年後、公条の子息の魚味《ぎよみ》の儀式（はじめて魚を食べる行事）の日に、公条妻は「西向《にしむき》」と称されることになる。室町・戦国時代の一般公家の正妻は、「東向《ひがしむき》」「西向」など、「方角＋向《むき》」の呼ばれ方をした。これを「向名《むきな》」という。この呼び名は、他の公家の日記にも記されているので、対外的にも認知された呼び名であった。後継者の母になったことが、正妻の座をさらに確立させたのである。

しかし、正妻が後継者の実母でない場合もあった。たとえば山科言綱《やましなときつな》正妻の場合である。後継者言継《ときつぐ》の実母は女孺《によじゆ》であったため、いつしか山科家を離れ、言綱は中御門宣胤《なかみかどのぶたね》の娘と結婚し、この妻が正妻となっている。

正妻が再び置かれた理由

なぜ戦国時代になると、再び正妻が置かれるようになったのだろうか。一つには、官職《かんしょく》が家の家業《かぎょう》となり、一人の男子に継承されるようになると、家業の維持は家長《かちょう》と家妻が役割分担して果たしていくことになる。家妻になるのは正妻であり、基本的には後継者の母である。家妻の役割のなかに家業にかかわる重要な役割が加わってくる戦国時代に、正妻が必要になってきたのだと考える。家妻の家業にかかわる役割については、後の項でくわしく述べていく。

摂関家の婚姻による人脈

正妻が再び置かれるようになったもう一つの理由は、婚姻による人脈確保が必要なためである。応仁《おうにん》の乱《らん》前後から、公家社会は経済的に困難な状況下におかれていた。また摂関家の場合、関白は五摂家《ごせっけ》の独占であるが、順番は決まっているわけではなく、争奪もおこる。そのなかで家・家業・有職故実《ゆうそくこじつ》といったものを維持していくためには、婚姻による人脈が必要であった。そのために正妻化に移行していったと思われる。

では、戦国時代の摂関家では、婚姻によってどのような人脈が作られていったのだろうか。

近衛家

尚通は、徳大寺実淳《さねあつ》の娘と婚姻をする。この婚姻により、近衛家は徳大寺家を介して武家と結びついていく。徳大寺実淳の妻は武家の細川教春の娘で、政春は実淳妻の兄であり、高国《たかくに》・高基は実淳妻の甥にあたる。尚通妻の兄弟姉妹（徳大寺実淳の息子と娘）のなかで、兄弟の公胤《きんたね》と内光《うちみつ》（日野《ひの》を相続）の妻は武家の畠山《はたけやま》尚順の娘で、妹は公家の久我通言《こがみちのぶ》の妻と、武家の仁木右馬助《にっきうまのかみ》の妻となっている。尚通の嫡子稙家《たねいえ》は、武家の細川高基の娘で久我通言の猶子と婚姻をする。また、尚通の娘の一人は室町将軍足利義晴《あしかがよしはる》の妻となり、一人は武家の北条氏綱《ほうじょううじつな》の妻となっている。

このように、近衛家は徳大寺家との婚姻から、公家の久我・日野、武家の細川・畠山・仁木と結びついていく。さらに娘の婚姻から将軍家・武家の北条氏と結びついていく。

九条家

政基は、公家の武者小路隆光の娘と婚姻する。政基と正妻の嫡子尚経《ひさつね》は、公家の三条西実隆の娘と婚姻する。尚経と正妻との嫡子が稙通《たねみち》である。尚経と正妻との娘は、二条尹房《ただふさ》と婚姻する。ここに九条家と二条家は親子関係となり、九条家・二条家・三条西家が結ばれていくことになる。そして、二条尹房と九条尚経の娘との嫡子晴良《はれよし》の長男兼孝《かねたか》が九条家の嗣子《しし》となる。

鷹司家　政平と一条兼良の娘が婚姻する。政平の嫡子兼輔《かねすけ》は、公家の正親町三条公《きん》治《はる》の娘と婚姻する。正親町三条家は三条西家の本家にあたるため、この婚姻により鷹司家と三条西家が結びついていく。その後、二条晴良の三男信房《のぶふさ》が、鷹司忠冬《ただふゆ》の嗣子となるが、これは晴良の母が九条尚経の娘であり、その母は三条西実隆の娘であり、鷹司兼輔正妻は三条西家の本家の娘であるという結びつきから実現したものと思われる。

二条家　一時はよかったはずの二条家であるが、その後、人脈が確保できないため、一時期、零落してしまう。文明《ぶんめい》十二年（一四八〇）、二条政嗣は父持通《もちみち》に先立って三十八歳で急死してしまう。その時、父は六十五歳であった（『宣胤卿記《のぶたねきょうき》』）。

政嗣の死後も、持通は文明十八年（一四八六）七月の足利義尚《よしひさ》の右近衛大将《うこんえのだいしょう》拝賀《はいが》にはその習礼《しゅうらい》を指導し、記録を作進したり、公儀《こうぎ》において権威を認められていた。長享《ちょうきょう》三年（一四八九）准三后《じゅさんごう》となり、十日後出家《しゅっけ》すると、その後はほとんど諸家との交流はなかった。明応《めいおう》二年（一四九三）に七十七歳で死去するが、死去についても七日後に禁裏《きんり》に報告されるほど世間から退いていた（『親長卿記』）。

その時の二条家の当主は持通の孫の尚基《ひさもと》二十四歳で、内大臣《ないだいじん》であった。その姉が一条冬良に嫁していたが、長享元年（一四八七）に死去している。この尚基も父政嗣の死後十七年の明応六年（一四九七）、二十七歳で山口滝法泉寺で生害してしまう。この時に残されたのは二歳の尹房《ただふさ》と尹房の祖母にあたる政嗣の妻だけであった。公家の三条西実隆は「二歳の若公を誰が養育するのだろうか」と心配している（『実隆公記』）。この様子は今泉淑夫氏が指摘されているように、姻戚人脈の希薄が際立っていたことになり、諸家が互いに婚姻関係を結んで人脈を確保し、人脈を活用しようとしたのは、この零落が眼前に見えていたからということになる（今泉淑夫『東語西語』吉川弘文館、一九九四年）。

その後、尹房は成長し、九条尚経の娘と婚姻することにより、人脈が作られていく。尹房と尚経の娘との嫡子晴良の子は、長男兼孝が九条家の嗣子となり、二男昭実《あきざね》が二条家の後継者となり、三男信房が鷹司の嗣子となっていく。これも尹房が九条尚経の娘と婚姻を結んだことから、実現されたのだと考える。

一条家

一条家では、冬良と二条政嗣の娘の婚姻が行われる。この婚姻については、海老澤美基氏の研究がある。それによると、冬良の父兼良の意思が働いていた。それは兼良にとって晩年の子であるため、将来を気遣っており、五摂家にはライバルが多く、後ろ盾がないと出世がおくれるからと考えた。当時、二条家は幕府とのつながりが強かったからである。しかし、二条政嗣の娘は、冬良が二十四歳のとき死去してしまう。死去した後、九条政基の娘と嫁取儀式を挙げ、正妻として迎えている。正妻として迎えるには、そのつど嫁取儀式を挙げなければ正妻とは認められない。一条家では、冬良の時から正妻化に移行しようとしている（海老澤美基「中世後期の一条家の妻たち」）。

冬良のあとは、房通は土佐国《とさのくに》（高知県）に下向して土佐一条家として大名化した房家の子房通《ふさみち》を後継者とし、房通は冬良の娘と婚姻し、その子兼冬《かねふゆ》が後継者となる。しかし、兼冬は二十六歳で死去してしまう。兼冬のあとは、房通と「家女房」の子である内基《うちもと》が継いでいく。戦国時代の一条家の婚姻関係をみると、兼良が考えていたようには、人脈が確保できていないようである。

摂関家の婚姻による結びつきの特徴

戦国時代には、摂関家の婚姻による結びつきにどのような特徴がみられるだろうか。近衛家は徳大寺家を介して、幕府管領《かんれい》の細川高国と結びつき、さらに娘の婚姻により将軍の外戚《がいせき》となっていく。鷹司家・九条家・二条家は、三条西実隆と結びついていく。

三条西家の家格は大臣家である。実隆は、当代第一の文化教養人であった。二十四歳で参議《さんぎ》に列し、二十七歳で権中納言《ごんちゅうなごん》、三十五歳で権大納言《ごんだいなごん》と家格相応の出世をし、五十二歳で名目的で短期の内大臣になっている。その間、侍従《じじゅう》として御土御門天皇《ごつちみかどてんのう》の信頼を得、

図3　戦国時代の摂関家の婚姻関係図

①近衛家を中心としたグループ

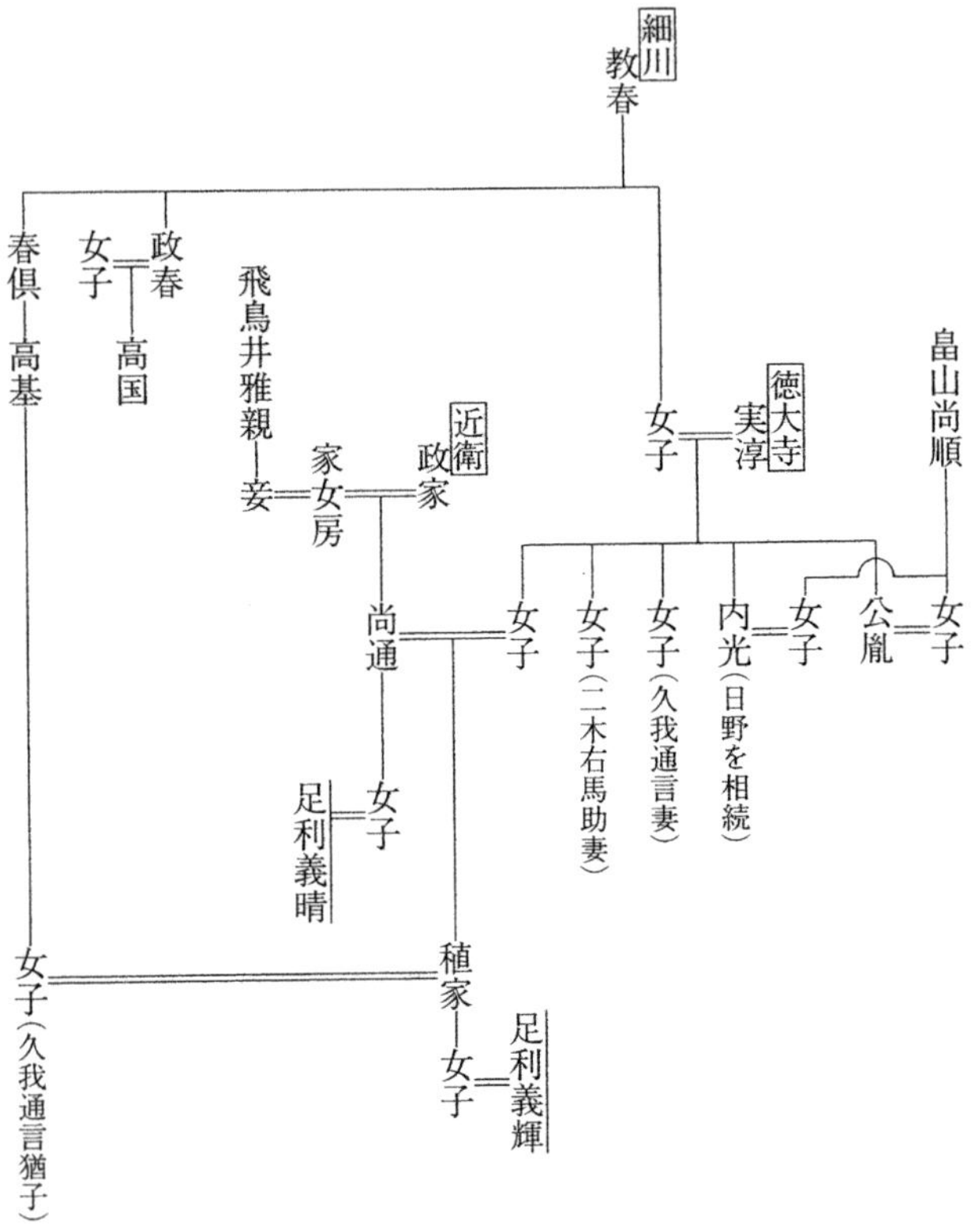

②三条西家を中心とした九条家・二条家・鷹司家

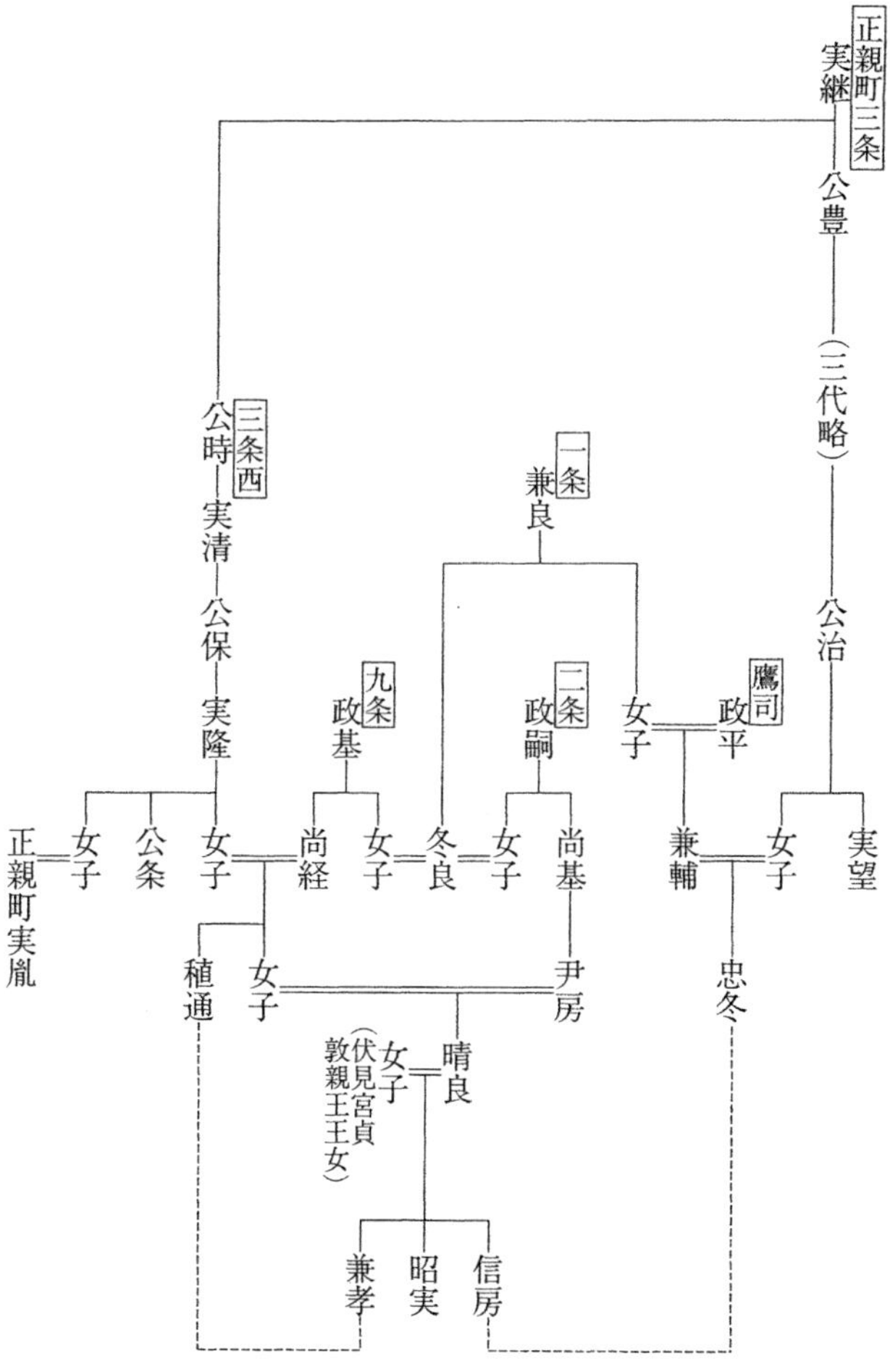

③一条家

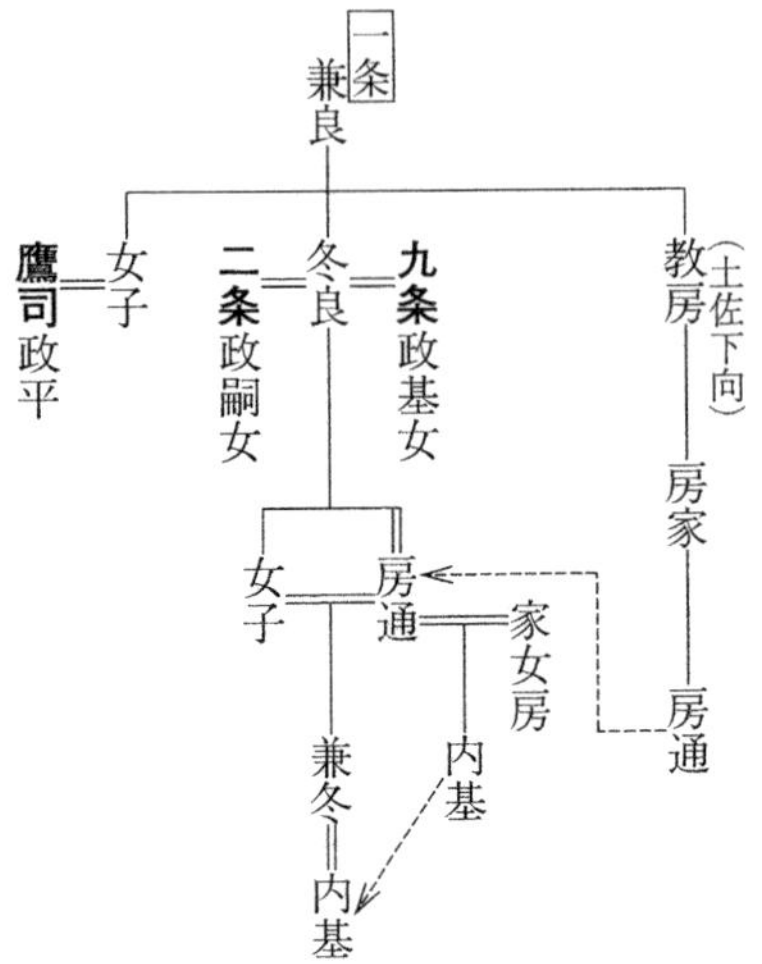

致仕《ちし》・出家の後も、朝廷・天皇の顧問格として後柏原天皇《ごかしわばらてんのう》の信頼を得ている。一条家は一条家内の婚姻のため、他の家とあまり結びついていない。

このように再び正妻が置かれるようになると、摂関家は婚姻関係により次の三つのグループが作られていく。

①近衛家を中心としたグループ

②三条西家を中心とした九条家・二条家・鷹司家のグループ

③一条家

そしてこの婚姻関係から形成された結びつきが、摂関家の家・家業の維持にどのように影響していったのかを、以下の章でみていくことにしよう。

摂関家の正妻——北政所・大政所

北政所とは？

　北政所《きたのまんどころ》というと、豊臣秀吉《とよとみひでよし》の妻おねを思い浮かべると思う。しかし、北政所はおねばかりではない。もともとは平安時代以来、摂関家《せっかんけ》の正妻《せいさい》を北政所という慣例ができあがった。摂関家では夫が大臣に就任すると、以後、正妻の名前・位が決定され、正妻の家司《けいし》が補任《ぶにん》される。その後、夫が摂政《せっしょう》・関白《かんぱく》、もしくはそれに準ずる内覧《ないらん》になると、正妻の政所《まんどころ》が設置され、政所始《まんどころはじめ》が行われ、以後、正妻は北政所と称される（服藤早苗『平安朝の家と女性』）。

　いままでの北政所の研究や説明は、平安時代の北政所成立期が中心になっている。その後、摂関家は五摂家《ごせっけ》の時代になる。婚姻儀式の形態も婿取《むことり》儀式《ぎしき》から嫁取《よめとり》儀式へと変容し、多妻《たさい》のうち同居する妻が正妻というかたちから一夫《いっぷ》一妻《いっさい》となり、嫡子《ちゃくし》のみに正妻が置かれるようになる時代へと変容してくる。そのような変容のなかで、北政所はどのように変容してきたのだろうか。

戦国時代の北政所

戦国時代の摂関家では、正妻が置かれる場合が一般的になってくる。摂関家の正妻は、北政所を称している。次に史料的に北政所を称したことがはっきりわかる戦国時代の人びとを挙げておく。

〈北政所〉	〈夫の名〉	〈父の名〉	〈典拠〉
近衛北政所	近衛尚通	徳大寺実淳	『後法成寺関白記』『九条家文書』『尊卑分脈』
近衛北政所	近衛稙家	細川高基（久我通言猶子）	『言継卿記』
鷹司北政所	鷹司政平	一条兼良	『大乗院寺社雑事記』
鷹司北政所	鷹司兼輔	正親町三条公治	『実隆公記』『九条家文書』『尊卑分脈』
九条北政所	九条政基	武者小路隆光	『尊卑分脈』

九条北政所　九条尚経　三条西実隆　『実隆公記』『尊卑分脈』
二条北政所　二条持通　神祇伯雅兼王　『宣胤卿記』
二条北政所　二条尹房　九条尚経　『実隆公記』『尊卑分脈』
二条北政所　二条晴良　伏見宮貞敦親王　『言継卿記』『九条家文書』
一条北政所　一条冬良　九条政基　『宣胤卿記』

つぎに、それぞれの北政所について、いつ呼ばれるようになったのか、また命名《めいめい》や叙位《じょい》についても見ていきたい。

近衛尚通正妻

明応《めいおう》六年（一四九七）、徳大寺実淳《とくだいじさねあつ》の娘は尚通《ひさみち》と嫁取儀式を挙げ、尚通の正妻となる。この時期、夫尚通は一ヵ月前の六月七日に関白を辞任しているので、「前関白《さきの》」であった。そのため、妻は「北方《きたのかた》」と称されている。尚通が永《えい》正《しょう》十年（一五一三）十月七日、四十二歳で関白に再任されると、十日には尚通正妻は近衛政家《まさいえ》の日記『後法興院記《ごほうこういんき》』に北政所と記されているので、夫が関白に再任されると、正妻は北政所を称していたことになる。さらに一ヵ月後には、

北政所三品の事、昨日申し入るるの処、則ち勅許。

（『後法成寺関白記《ごほうじょうじかんぱくき》』永正十年十一月二十日条）

とあり、夫尚通は北政所の叙位として従三位《じゅさんみ》を十一月十九日に申請したところ、翌二十日に勅許《ちょっきょ》があった。二十一日には叙品の口宣案《くぜんあん》が、蔵人《くろうど》の甘露寺伊長《かんろじこれなが》から送られてきた。口宣案とは、蔵人が天皇の仰せを書いた文書で、官位にかかわるものに出されるものである。二十七日には、大内記《だいないき》の五条為学《ごじょうためがね》が北政所の位記《いき》を持参している。位記とは位階を授ける際に発行する公文書である。

女性が叙位されることについては、九世紀中ごろ以降、女性は、自身が女官《にょかん》として出仕し職務を遂行することによって叙位されるよりも、妻や祖母・母という家族内の身分関係によって、つまり他者との関係で社会的地位が決定される場合が多くなる、とされている（服藤早苗『平安朝の家と女性』）。戦国時代には、妻として叙位されるのは摂関家の正妻だけである。尚通正妻は、夫が関白に任ぜられた後に叙位されているので、関白の正妻として叙位されたことになる。

九条尚経正妻

三条西実隆《さんじょうにしさねたか》の娘は、明応四年（一四九五）九条尚経《くじょうひさつね》と嫁取儀式を挙げ、尚経の正妻となる。このとき、夫尚経は大納言であったため、『実隆公記《さねたかこうき》』には正妻は「九条御料人《ごりょうにん》」と称されている。尚経は、文亀元年（一五〇一）六月二十

九日に三十四歳で関白に任じられる。『実隆公記』文亀三年十二月二十九日条をみると、

俊通卿来る。予(実隆)の息女北政所と称すべきの事、尤もその理あり。内々便宜をもって申沙汰すべきの由。先日入魂《じゅこん》の処、その儀昨日治定《じじょう》。今朝形のごとく祝儀をあらわすの由相語る。尤も珍重々々。

とある。文亀元年に尚経は関白に任じられているのに、二年たっても娘が北政所を称していないため、父実隆は内々九条家に意見を申し入れていた。やっと昨日（二十八日）になって北政所を称することについて天皇から治定があったことを、九条家の家司《けいし》富小路《とみのこうじ》俊《とし》通《みち》が伝えてきた。

このことから、北政所を称するには治定が必要であったことがわかる。摂関家の正妻は叙位されるが、叙位文書に記載するために名前が必要になる。尚経正妻の命名については、正妻の父三条西実隆の日記『実隆公記』紙背文書《しはいもんじょ》（文亀四年二月三日紙背文書）につぎのような記事がある（紙背文書については一〇五頁参照）。

九条北政所名字を用うべきの由、事の次いでをもって俊通三位の許に申し遣わし了《おわん》ぬ。

とあり、そこには左のような名字《みょうじ》が記されている。

保子　無形

隆子　里
貫子　無形
行子　無形
氏子　紙

これは実隆の娘の名字（成人名）について記されたものである。『実隆公記』の紙背文書には、意図的に残されたことがわかる例もあり、重要とまではいえないものの気にかかった文書を保存し、後日の参照に備える役割があったと考えられている（末柄豊「『実隆公記』と文書」五味文彦編『日記に中世を読む』吉川弘文館、一九九八年）。そこから考えると、この部分は実隆が九条家に渡した書状のひかえとして日記の本文の空白に書き残したものと考えられる。

ここにはすでに「九条北政所」と記されているので、尚経正妻の場合は、まず北政所と称され、その後に叙位を申請していることがわかる。『尊卑分脈《そんぴぶんみゃく》』の三条西実隆の娘のところに「従二位　保子」と記されている。叙位のために必要な名字（成人名）を、妻の父が五つの候補の内から「保子」に合点《がってん》をつけて、九条家の家司を通して九条家に送っているのである。この場合は、妻の命名を、妻の実家の父が選んでいたことになる。

鷹司兼輔正妻

正親町《おおぎまち》三条公治《さんじょうきんはる》の娘は、文亀三年（一五〇三）に兼輔《かねすけ》と嫁取儀式を挙げ、兼輔の正妻となる。このとき、兼輔は二十四歳で大納言《だいなごん》であった。兼輔正妻は「北方」あるいは「女中」と称されている（『実隆公記』）。兼輔は永正十一年（一五一四）八月二十九日に三十五歳で関白になり、永正十五年三月二十七日に関白を辞している。正妻は、永正十二年四月九日条には北政所と称されているので（『九条家文書』）、夫兼輔が永正十一年に関白になった後、北政所と称されたことになる。しかし、まだ叙位を申請していなかったらしい。兼輔が関白を辞することになった時に、女中の三位《さんみ》の儀式を申請した。大内記は「後記」を認め、叙位を進めている（『拾芥記《しゅうがいき》』）。

兼輔正妻の場合も北政所と称されてから、叙位の申請をしている。そして、叙位の儀式は、本来は夫が関白の期間に行うものだということがわかる。

二条持通正妻

持通《もちみち》は、享徳《きょうとく》二年（一四五三）三十八歳の時から翌享徳三年の三十九歳までと、康正《こうしょう》元年（一四五五）四十歳の時から長禄《ちょうろく》二年（一四五八）四十三歳まで二度関白になっており、寛正《かんしょう》四年（一四六三）四十八歳の時から文正《ぶんしょう》二年（一四六七）五十二歳まで三度目の関白になる。この三度目の関白の時期に、正妻は「北政所」と称されることになる。

近衛政家の日記『後法興院記』文正元年（一四六六）四月十九日条に、女叙位《おんなじょい》の聞書《ききがき》が記されている。聞書とは叙位任官の理由を書いたものである。これは去る十五日に行われたものであるとしている。それによると、女官の中に一人「従三位源益子　関白室」とある。この時期の関白は二条持通なので、この関白室は二条持通の正妻である。持通正妻は伯家の雅兼王の娘である。伯家は源姓を称しているので、源益子は「実家の氏の名＋名前」ということになる（一三三頁参照）。

この十五世紀半ばの女叙位をみると、女官十七名に対して、女官以外は関白室一名が記されているのみである。この場合は、女官以外は夫が関白となった正妻だけが叙位されたことになる。そして、この時代にも関白室の叙位が、女官とともに女叙位のときに行われていた場合があることがわかる。

二条政嗣正妻

政嗣《まさつぐ》の正妻は武家の細川教春の娘であるが、公家の水無瀬季兼《みなせすえかね》の猶子《ゆうし》となっている。政嗣は、文明二年（一四七〇）二十七歳から文明八年、三十三歳まで関白であった。この時期には、政嗣正妻はまだ「女中」と称されている。文明十二年、政嗣は父持通に先立って死去してしまう。この時点ではまだ持通は「太閤《たいこう》」（前関白でその子が関白の人）、持通正妻は「太閤北政所」、政嗣正妻は「女中」と称されていて（『宣胤卿記《のぶたねきょうき》』）、政嗣正妻は北政所と称されないままに夫が死去してしまったことになる。

その後、政嗣の子尚基《ひさもと》が明応六年（一四九七）六月十八日に関白になるが、尚基は四ヵ月後に死去してしまう（『実隆公記』）。尚基の妻は家女房《いえのにょうぼう》である（『新摂関家伝』）。政嗣正妻は永正十五年（一五一八）八月三十日に兼子と命名され、従三位に叙せられ、即日死去している（『公卿補任《くぎょうぶにん》』）。これは、永正十五年三月三十日に孫の尹房《ただふさ》が関白になっているので、政嗣正妻は死の直前であるが、関白の祖母として命名・叙位が行われたことになる（『拾芥記』『公卿補任』）。

政嗣妻は、本来であれば、政嗣正妻であり、北政所を称するはずであったが、夫が早く死去するという不運に見舞われたため、北政所になる機会を失ってしまったことになる。夫が関白になっても、正妻が自動的に北政所を称するのではなく、また、子の正妻が北政所を称していない時期は、母が北政所を称しつづけていることになる。

二条尹房正妻

尹房は大永《だいえい》三年（一五二三）、九条尚経《ひさつね》の娘と嫁取儀式を挙げる。尹房は、永正十五年（一五一八）二十三歳の時から大永五年の三十歳まで関白であった。尹房正妻は大永六年には「二条北政所」と称されているので（『実隆公記』）、尹房の関白の期間に北政所と称されたことになる。

尹房が関白になると、まず祖母の命名・叙位が行われ、その後自身の婚姻があり、その次に正妻の北政所呼称・命名・叙位が行われたのである。『尊卑分脈』の九条尚経の娘のところには「経子　従二位」と記されている。

一条冬良正妻

冬良《ふゆよし》は文明十七年（一四八五）二十二歳の時、二条政嗣《まさつぐ》の娘と婚姻し（『大乗院寺社雑事記《だいじょういんじしゃぞうじき》』）、政嗣の娘は冬良の正妻となる。しかし、政嗣の娘は長享《ちょうきょう》元年（一四八七）に死去してしまう。この時期、冬良はまだ関白になっていなかったので、政嗣の娘は冬良の正妻であったが、北政所と称されることはなかった。

その後、冬良は長享二年、二十五歳で、九条政基《まさもと》の娘と嫁取儀式を挙げる（『宣胤卿記』）。政基の娘が冬良の正妻になり、長享三年（一四八九）には「北政所」を称している（『宣胤卿記』）。冬良は長享二年に関白になっているので、政基の娘は結婚してすぐに北政所を称したことになる。

大政所とは？

摂関の正妻を北政所と呼び、母を大政所《おおまんどころ》と呼ぶ。北政所と大政所の関係について、平安時代の北政所は世代がかわって摂政の母の地位になると新しい北政所と区別するために、先任北政所を大政所と呼んだとされている（藤木邦彦

『平安王朝の政治と制度』)。では戦国時代には、この関係はどうだったのだろうか。戦国時代の「北政所」と「大政所」との関係が、史料的にはっきりわかるのは、近衛尚通正妻と二条尹房正妻の場合である。

近衛尚通正妻

尚通正妻は、永正十年（一五一三）に北政所を称すようになり、天文《てんぶん》五年（一五三六）十二月二十四日条まで北政所と記されている（『後法成寺関白記』)。尚通の子稙家《たねいえ》は、大永六年（一五二六）から天文二年（一五三三）まで関白であり、尚通は天文二年に出家するが、この間も母（尚通正妻）が北政所で、稙家正妻は、「右《う》府《ふ》女中」「女中」「御方女中」と称されている（『後法成寺関白記』)。

天文五年、稙家が三十四歳の時、関白に再任されると、天文七年には稙家正妻は「近衛殿北政所」と称されており（『親俊日記《ちかとしにっき》』)、天文八年には尚通正妻が「近衛殿大政所」と称されている（『大舘常興日記《おおだちじょうこうにっき》』)。

このことから、稙家が関白に再任された期間に、稙家正妻が北政所を呼称するようになると、稙家母（尚通正妻）が大政所を称するようになるのである。父が前関白となり、その後出家しても、また息子が関白になっても、息子の妻が北政所を称すまでは、母が北政所を称しつづける。

二条尹房正妻

尹房正妻は北政所であったが、永禄《えいろく》十三年（一五七〇）には「二条殿大政所」と記されている（『言継卿記《ときつぐきょうき》』）。尹房の子晴良《はれよし》は永禄十一年に関白に再任され、天正《てんしょう》六年（一五七八）に辞任しているので、この間に晴良正妻は「北政所」を称すことになり、晴良の母である尹房正妻が「大政所」を称することになったのである。天正四年には二人のことを「大政所・若政所」と記し（『言継卿記』）、その後、晴良妻のことは「二条北政所」と記されている（『九条家文書』）。

戦国時代の北政所と大政所

戦国時代の北政所は、まず嫁取儀式を挙げ、正妻となる。次に夫が関白になり辞任するまでのあいだに、正妻は北政所を称するようになる。この時代になると、九条尚経正妻のように、天皇に申請して治定され、北政所を称するようになる。二条持通正妻は、夫が三度目に関白に任じられた時期に北政所を称しており、二条政嗣正妻は夫が関白になっても、北政所を称さないうちに夫が死去してしまったので、北政所を称すことができなかった。

これらの例から考えると、夫が関白になっても、正妻は自動的に北政所を称するのではなく、夫が申請しなければ北政所を称することはできなかったのだと思われる。これが後の時代に宣下《せんげ》を要することになっていくのであろう。

北政所を称するようになってから、次に名字（成人名）を選び、叙位を申請する。それに対して口宣案が出され、位記に記載されることになる。この申請も、夫が関白のあいだに行うのが本来の形であった。また、夫や息子が早く死去し、北政所を称することができなかった場合、孫の養育に貢献した祖母（祖父の正妻）は、孫が関白になった時に、関白の祖母として叙位されている。嫡子が関白になっても嫡子の正妻が北政所を称するまでは、母が北政所を称しつづける。そして嫡子の正妻が北政所を称するようになると、それまで北政所であった母が、大政所と称することになる。

戦国時代の関白は、五摂家各家の家長《かちょう》が順にその地位についていくため、父が関白を辞任しても、嫡子が関白になるまでには何年も間隔があく。また、嫡子が関白になっても一度目の時にはまだ正妻がいなかったり、正妻がいてもまだ北政所を称さない場合もある。嫡子の正妻が北政所を称するようになると、北政所を称していた母が大政所を称することになる。このために前関白・現関白と大政所・北政所は対応しない時期がある。この場合、注意しておきたいのは、北政所を称していた正妻が大政所を称することになるということである。その意味からいうと、北政所ではなかった豊臣秀吉の母が大政所と呼称されるのは、特別の例だったといえる。

このように、関白は五摂家各家の家長が父から嫡子へ引き継いでいくが、各家で正妻が代々置かれるようになると、北政所の呼称も父の妻（姑）から嫡子の妻（嫁）へと引き継がれていくようになる。

父の正妻と嫡子の正妻同居へ

妻の両親との同居から夫の両親との同居へ

結婚したのち、公家の女性は誰とどこに住むのだろうか。妻の両親と同居なのか、あるいは夫の両親と同居なのか、これにも変遷がある。平安時代中ごろまで、結婚当初は夫が婿入りして妻の両親と同居する。これを妻方居住《つまかたきよじゆう》といい、ここに母系家族が出現する。しかし、一定期間がたつとこの家族は分解していく。これにはいろいろな形がある。妻の両親が未婚の子どもたちを連れて別の邸宅に移住したり、また、若い夫婦が別の邸宅に移住することもある。その時の家屋は、夫の両親が用意する場合も多い。この形態は妻方居住を経た新処《しんしょ》居住《きよじゆう》といわれている。

院政期になると、新婚夫婦の家屋は妻方で用意するが、妻の両親とは同居しなくなる。結婚は最初から若夫妻だけの新処居住であるが、まだ夫の両親と同じ屋敷内に同居することは一般的ではない。

鎌倉時代には、新婚当初から妻が夫方所有の家屋に住む居住形態が主流になる。夫方《おっとかた》居住《きよじゅう》であるが、しかしまだ夫の両親とは同一屋敷内に同居することはない。

南北朝時代になると、同一屋敷に夫の両親と兄弟の息子たち夫婦が、それぞれ別棟《べつむね》に同居するようになる。ここに父系二世代同居が成立してくる。この同居の形は、夫の両親・兄夫婦・弟夫婦の住居は独立した建物で、独立した経済面をもち、食事も別々であった。父が死去すると、父が居住していた主屋《おもや》に嫡子《ちゃくし》夫婦が居住するようになる。主屋が父から嫡子に継承されたことになる。

室町時代には、夫の両親と同一屋敷に居住するのは、嫡子夫婦とその子供たちだけとなる。この場合も同一屋敷内別棟居住である。嫡子以外の兄や弟の夫婦は、屋敷外に居住するようになる。

戦国時代になると、一子相続《いっしそうぞく》となってくる。「家」を継承する嫡子夫婦だけが、父夫婦と同一屋敷に同居するようになる。では、どのような形で父子二世代同居が行われていたのだろうか。

近衛政家と尚通の住居

近衛《このえ》家でも、戦国時代には一子相続になっている。政家《まさいえ》の家では、嫡子尚《ひさ》通《みち》を残して他の男子は寺院に入り僧侶になっている。住居の様子を近衛政家の日記『後法興院記《ごほうこういんき》』からみていこう。

明応《めいおう》四年（一四九五）、父政家は家業継承者である尚通のための住居を、父の屋敷内に新たに造ることになる。まず、九月に、政家の兄である僧聖護院主《しょうごいんしゅ》道興から一宇《いちう》を貰い請け、これを壊して材木として政家の屋敷に曳いてくる。車に六両、人夫三十人で曳いてくるが、この日だけでは終わらず、残りは次の日に車三両、人夫三人で曳いてきている。

このように、材木が贈られることは相互的補助的の目的があり、材木を助成するということは、当時の公家社会ではよく行われていた。今回はこれだけでは足りず、材木商から材木を購入し、番匠《ばんしょう》を延人数で百人雇い作事《さくじ》を行っている。作事に際しては、聖護院道興からの助成もあった。

この住居は三ヵ月後に出来上がり、十二月十三日に尚通は新居に移徙《わたまし》している。当日には家の使用人である家司《けいし》たちを召し出し、移徙の祝いとして三献《さんこん》の儀式を行っている。十五日には親しい公家の冷泉政為《れいぜいまさため》が「移徙の礼」に来る。十八日には家司の面々が主催して酒宴が行われている。二十五日には父政家が尚通の新居を訪れている。そのときには「折《お》紙《がみ》」を持参している。この時代、貨幣を贈る場合、いきなり現銭を贈ることはせず、まず金額を記した折紙を贈り、現銭はあとから届ける方法がとられていた。

このようにみてくると、尚通の新しい住居はしっかりした建物であり、移徙の儀礼も行われ、この別居は尚通が父から独立したことを意味すると考えられる。別居をしたこの年、尚通は二十三歳で、二年前には関白に任じられている。そして二年後の明応六年（一四九七）、尚通はこの住居に妻を迎えている。

ここに父夫婦と嫡子夫婦は同一屋敷に別棟居住になるが、通常の食事はどうなっていたのだろうか。通常の食事は別々であったが、時にはどちらかの住居に招いて共に酒宴を開いたり食事をしたりしていた。

毎年正月には十四日ごろ、尚通の住居に父母たちを招き、お祝いの酒宴を開いている。「佳例《かれい》のごとし」と記されているので、父夫婦と嫡子夫婦が嫡子の住居で共飲して新年を祝うことが、慣例になっていたことがわかる。その時、父は折紙百疋を持参している。このように息子の住居を訪問する時、父はよく折紙を持参している。これも、父と息子は経済的に別になっている部分があったことをうかがわせる。正月以外にも、政家の住居に尚通夫婦を招き、朝食を一緒に食していることもある。

近衛尚通の住居と政家後室の住居

永正《えいしょう》二年（一五〇五）に父政家が死去する。尚通の実母である政家の最初の妻はすでに死去しており、その後、政家に祇候《しこう》した妾《しょう》が後《こう》室《しつ》として残されることになる。近衛尚通の日記『後《ご》法《ほう》成《じょう》寺《じ》関《かん》白《ぱく》記《き》』から政家後室の住居についてみていこう。

政家後室は「大上」と記されている。政家死去半年後、主屋を尚通に引き渡し、尚通は敷地内に政家後室の新居を造り、後室は新居に移徙する。移住した五日後、尚通が後室の住居を訪れ、一献が催されている。尚通夫婦と後室とは通常の食事は別々であるが、時々招待しあって共に酒宴を催したり、食事を楽しんでいる。

近衛尚通と稙家の住居

『後法成寺関白記』によると、大永《だいえい》三年（一五二三）になると尚通の嫡子稙《たね》家《いえ》のための住居が敷地内に新造される。十一月八日条には「立柱上棟《じょうとう》・礎等」とあり、翌九日から作事が行われている。そして十六日に移徙が行われている。当日には「三献の儀」が催されている。その後、多くの人びとから「新造の礼」が届けられている。久我通言《こがみちのぶ》と西園寺実宣《さいおんじさねのり》が尚通妻へ二種二荷を送ってくる。久我通言の妻は、尚通妻と姉妹である。西園寺実宣の妻は、久我通言の娘である。稙家の妻は、久我通言の猶子《ゆうし》である。細川尹賢《ほそかわただかた》・細川高基からは、太刀《たち》が送られる。細川高基は、稙家正妻の実父である。

　このように近衛家と親しい人びとから「新造の礼」が送られている。十二月十日には、稙家から朝食を招待され、尚通夫婦は稙家の住居にでかけていく。折紙百疋を持参している。そして「今度移徙以後始めて罷《まか》り向かうなり」と記している。

　さらに三年後の大永六年には、狩野派《かのうは》の画家狩野新三郎が稙家の座敷の障壁画《しょうへきが》の製作を始めているので、稙家の住居は、かなりしっかりしたものだったと思われる。稙家はこの住居に移ることによって、父尚通から独立したことになる。稙家は大永三年には二十一歳であり、右大臣であり、二年後には関白になっている。稙家がいつ結婚したのかは、はっきりしない。多分、日記の欠けている時期に儀式を行い、妻を迎えたのだと思われる。細川高基の娘を久我通言の猶子とし、正妻として迎えている。

　父夫婦と嫡子夫婦は通常の食事は別々で、ときどきお互いに招待して共飲・共食をしている。尚通と稙家の場合も、政家と尚通の時と同じように正月十四日に息子が自邸に父母を招待して朝食を一緒に食している。

三条西実隆と公条の住居

一般公家の三条西家の場合を、三条西実隆の日記『実隆公記《さねたかこうき》』からみていこう。三条西家も一子相続になっている。実隆には三男二女がいるが、男子二人は寺院に入り、女子の一人は九条尚経《くじょうひさつね》に嫁し、一人は正親町《おおぎまち》実胤《さねたね》に嫁している。二男公条《きんえだ》が嫡子として家業の後継者となる。永正三年（一五〇六）十月十五日条に、

家を買得し、今日引き渡す。小々冷泉の許に預け置く。番匠二人、庭者一人申し付く。……晩に及び家共引き渡す。車五両あり、礎石など二両又引く。件の材木、立具など民部（冷泉為広）の許に預け置く。

とあるように、実隆は家屋を買い、それを冷泉家に預け置き、翌永正四年二月「今日新造敷地に引かしむ」（二月十一日条）と、実隆の敷地にこの家屋を引いてきて作事を行う。二月二十九日には移徙が行われ、豆粥が羞《すす》められている。そしてこの公条の住居には新たに炉が設けられた。三月十日条には「今夜頭中将（公条）新造に宿し、予（実隆）丈室に宿す」とあり、公条が新造に宿している。このように父の屋敷内に新しく造られた住居に嫡子が別居することになるが、これは、嫡子が父の住居から独立したことをあらわしている。

この永正四年、公条は二十一歳、四月二十六日には参議《さんぎ》に任ぜられ、九月二十七日には

従三位《じゆさんみ》に叙せられ、公卿《くぎよう》となっている。そしてその三年後にこの公条の住居に妻を迎えている。また、公条には「家」の収入の一部が「能州物《のうしゆうもの》千疋到来、則ち帥方《（公条）》へ遣わす」（大永八年五月二十七日条）というように渡され、これが公条の家の独自の経済になっている。

ここに三条西家の屋敷内には父夫婦の主屋と嫡子夫婦の住居がある形となる。炉は父の住居にも嫡子の住居にも設けられていた。それぞれの炉は毎年十月になると開かれ、冬の間それぞれの炉辺に親しい人びとを招き、田楽料理などで会食している。また日常の食事は別々である。しかし、時々自分たちの住居に招き合って、会食をしている。

たとえば天文二年（一五三三）二月十三日条には「今朝帥方《（公条住居）》で朝飡《ちようさん》を請伴《しようばん》、西向《（公条妻）》の振舞なり」とあり、実隆は公条の住居に招かれて、朝食を共に食している。これは公条妻が振舞ったものであった。また、毎年七月十二日には、実隆の住居に子どもたちが集まって、生御霊《いきみたま》の祝《いわい》をし、朝食を食している。生御霊の祝は、室町時代から戦国時代にかけて盆の行事として行われるもので、両親宅に子供たちが集まり、会食をするものである。大永五年（一五二五）七月十日条には「今日嘉例祝着《かれいしゆうちやく》の儀なり、九条北政所《きたまんどころ》・正親町・堆雲等兄弟五人各々座にあり、千秋万歳珍重、……各朝飡請伴」とあり、実の子ども五人が揃ったことを喜んでいる。大永七年七月十二日には「子息・連枝《れんし》・孫等座にあり」とあり、子どもや孫たちが朝飧の会食をしている。

なぜ父子同居？

戦国時代になると、摂関家でも一般公家でも一子相続になる。嫡子が一定の年齢・官職《かんしょく》に達すると、父の屋敷内に新しく住居を建て独立する。その後、嫡子は新居に妻を迎える。ここに父子二世代同一屋敷別棟居住となり、父の正妻（姑）と嫡子の正妻（嫁）の同居がはじまる。しかし、この二つの住居は独立経済を持ち、炉は別々に設けられ、食事も日常は別々であった。

この父子二世代同居という居住形態は、家業《かぎょう》の世襲化《せしゅうか》と対応している。家業が世襲化され、嫡子一人が継承するようになると、居住形態も父夫婦と嫡子夫婦が同一屋敷居住になる。これは、家業が父から嫡子へ伝授されるようになると、父は嫡子を教育していかなければならなくなるからである。

また、家妻《いえづま》の役割のなかに家業にかかわるものがある。「妻の役割」の項でくわしく述べていくが、この役割も、父の正妻から嫡子の正妻へと引き継がれるので、ここでも教育が必要となる。そのため摂関家・一般公家ともに父夫婦と嫡子夫婦は同一屋敷に居住するようになる。ここから家業の運営・継承をスムースにしようとする意図が読みとれる。

戦国時代の公家の妻の役割とは何か

公家の家業・家政に妻はどうかかわったのか

三条西家にみる戦国時代の妻の役割

三条西家《さんじょうにしけ》は、家格《かかく》は大臣家《だいじんけ》で、家業《かぎょう》は和学・歌道の家である。三条西家の家業は、戦国時代に実隆《さねたか》によって創成され、公条《きんえだ》によって確実なものになっていく（源城政好「三条西家における家業の成立」笠谷和比古編『公家と武家Ⅱ』思文閣出版、一九九九年）。三条西家では、実隆とその正妻《せいさい》（勧修寺教秀《かじゅうじのりひで》の娘）、嫡子《ちゃくし》公条とその正妻（甘露寺元長《かんろじもとなが》の娘）が、同一屋敷内にそれぞれ別《べつ》棟《むね》に居住していた。この二組の夫婦を中心に「家」が形成されていて、家の実務は家政職員が担っていたが、家長《かちょう》である実隆が経営の責任を掌握し、家妻《いえづま》が家政全般を取り仕切っていた。

では、戦国時代の公家の家妻たちが取り仕切っていた役割とは、どのようなものだったのだろうか。また、その役割を担う家妻の地位は、姑（父の正妻《せいさい》）から嫁（嫡子の正妻）へ、どのように委譲されていくのだろうか。その具体的な様子は、三条西実隆の日記『実隆公記《さねたかこうき》』からみることができる。

給分の分配

三条西家には男女の使用人がいた。男性は諸大夫《しょだいぶ》・青侍《あおざむらい》・雑色《ぞうしき》、女性は乳母《めのと》・官女《かんじょ》・下女などである。使用人の給料は、当時の一般慣行のように、夏・冬二回支払われていたが、三条西家の家計はその年により収入が異なり、そのために使用人に対する給分《きゅうぶん》も一定ではなかった。

家長の実隆から家妻に費用が渡されるが、身分格差のある男女の使用人にいかに分配していくかは、家妻にまかされていた。収入が減少してくる公家の経済のなかで、給分を分配していくことは大変なことで、それをいかにうまく分配していくのかも、家妻の役割であった。

食料の手配・管理

家長は、家妻に飯米代《はんまいだい》を渡している。三条西家で消費する米は、家《け》領《りょう》の荘園《しょうえん》から納められる年貢《ねんぐ》などで賄われていた。しかし戦国時代になると、荘園からの収納が減少してくる。そのために米を借用したり、米を買うことになる。こうした状況のなかで、家妻は飯米代を渡されるのである。このような時代に、米をはじめ食料の手配・管理をしていく家妻の役割は重要である。

追善仏事の運営

室町時代になると、歴代の祖先をさかのぼって祀る家の祖先祭祀《そせんさいし》が成立し、その祭祀空間が寺院から自邸に移ってくる（高橋秀樹『日本中世の家と親族』）。そのために祖先祭祀にかかわる役割が、家妻の役割になってくる。

三条西家では、実隆の父母・祖父母・曾祖父などの年忌《ねんき》、父母の月忌《がっき》には、自邸に僧を招き、仏事を行う。自邸で行う追善仏事《ついぜんぶつじ》には、実隆が家妻に斎料《ときりょう》を渡し、家妻は仏事の運営を行う。仏事の運営とは堂荘厳《どうしょうごん》し、斎《とき》を手配することである。

また、この時代には正妻（父の正妻・嫡子の正妻）の実家の父母の追善仏事が、夫方の自邸の祭祀空間で行われている。これは、妻方の家の祖先祭祀とは別に、実子が各別に行う妻の分である。この夫方の祭祀空間で行われる妻の父母の追善仏事は、夫方の家長が主催し、費用も夫方が負担する。そして、実質的運営は当事者（妻、嫁）が行うが、月忌となると家の行事の一つとなるため、運営は家妻の役割となる。

連歌会・和歌会の経営

三条西家では、和歌・歌道を家業として確立するために、実隆・公条・実枝《さねき》の三代にわたって精進・努力をしている。実隆は自邸に連歌師《れんがし》や、歌の家である飛鳥井家《あすかいけ》の雅綱《まさつな》などを招いて連歌会《れんがえ》や和歌会《わかえ》を催している。当時の連歌会や和歌会にとって、茶菓の供応や酒食の接待は重要なことであった。実隆が自邸で連歌会・和歌会を催す場合、家妻は酒肴《しゆこう》の準備などを使用人と相談しながら取り仕切っている。これは、三条西家の家業にかかわる家妻の役割である。

家妻の地位の委譲と役割の継承

実隆正妻が家妻として家政全般を統括していたが、実隆正妻が七十歳ころ、公条が結婚してから十九年後、家妻の地位は、実隆正妻（姑）から公条正妻（嫁）へ委譲される。公条正妻は三十七歳であった。委譲については、家内でちょっと問題になっている。

まず、公条から両親に、家妻の地位を公条正妻に譲ってほしいと申し入れてくる。実隆正妻は納得できず、九条尚経《くじようひさつね》に嫁している娘北政所《きたのまんどころ》の所へ相談にいく。翌日、北政所は、公条のところにやってきて母の気持ちを伝え、彼を説得するが承知しない。実隆も公条正妻を説得するが、彼女は夫のいうことに従うという。その後、北政所の努力で、実隆正妻は公条のいうことに納得する。さらに十日後、家計のことは明日より公条正妻が沙汰

図4　三条西家略系図

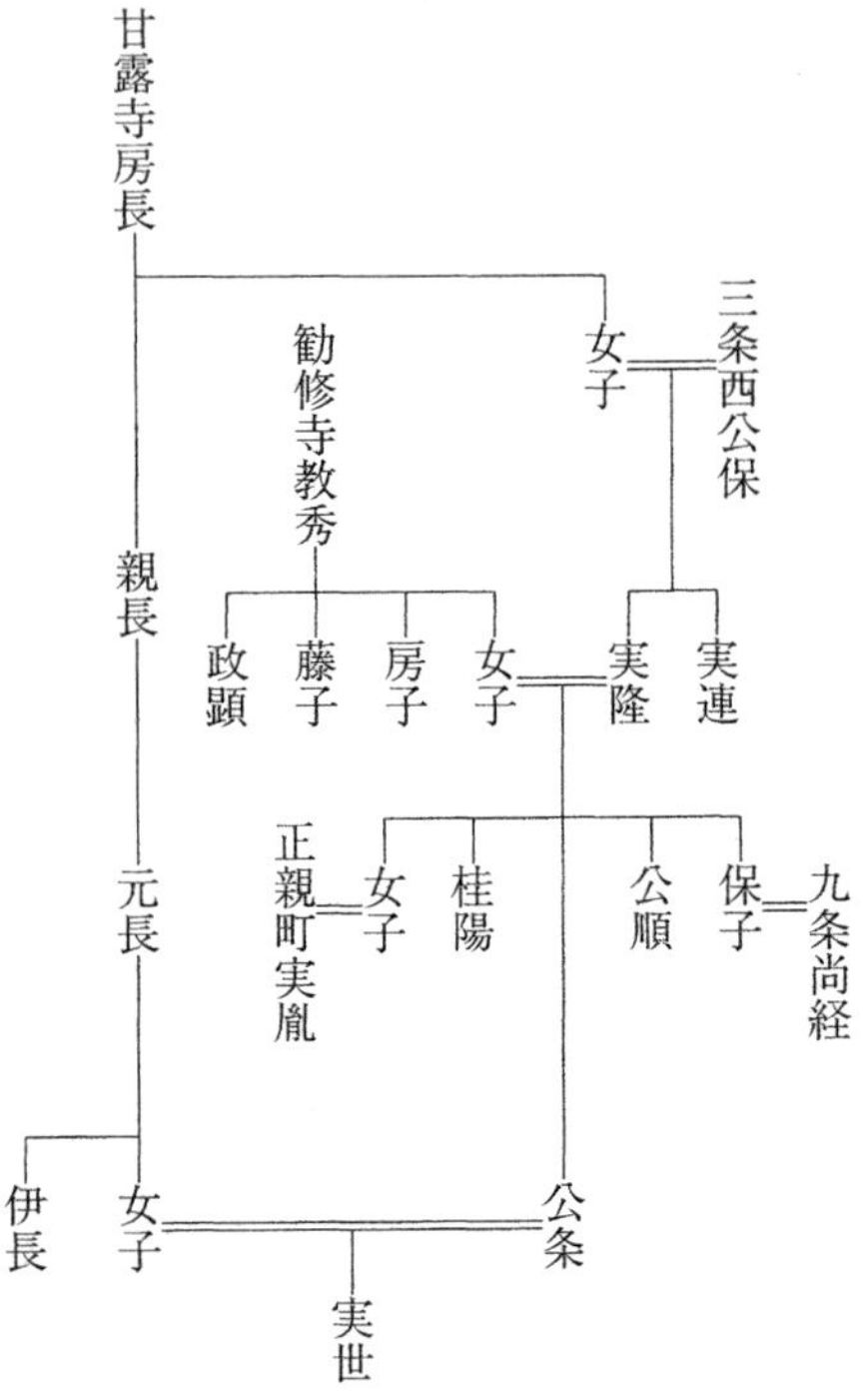

（『尊卑分脈』『実隆公記』を参考にして作成）

するようにと、実隆が命じている。その後、公条正妻が、三条西家の家妻となる。

これは近世以降や民俗学分野で解明されている「へらわたし」が中世後期の戦国時代の公家層に現実的に存在したことを、具体的に史料を用いて実証できたことになる。

委譲前は、家長は実隆で家妻は実隆正妻という夫婦がセットで家を運営していたが、委譲後は、家長が実隆で家妻が公条正妻という父と嫡子の正妻というセットで運営していくことになる。この意外とも思われる組み合わせから、家は夫婦というよりも、家長と家妻によって運営されていることが、はっきりすることになる。

また、戦国時代の三条西家は一子《いっし》相続《そうぞく》になっており、家業は父から嫡子へと継承されていくが、家業の運営にかかわる家妻の役割も、姑（父の正妻）から嫁（嫡子の正妻）へ継承されていくことになる。

戦国時代の摂関家・一般公家の家妻の役割と継承

三条西家の例でみたように、戦国時代の公家の家妻の役割は、家政にかかわる役割と、家業にかかわる役割とに分けることが出来る。家政にかかわる役割は、戦国時代の摂関家《せっかんけ》・公家の各家共通のものである。その中には、平安時代から続く家妻の役割である食料の管理・家の構成員の統括などがあるが、自邸で行うようになった家の祖先の追善仏事を取り仕切るという役割は、戦国時代になって家妻の役割となったものである。

家業にかかわる役割は、家業が成立し、再び正妻が置かれるようになる戦国時代に家妻の役割となったものである。家業は家により異なるので、家妻がかかわる役割の内容も、家ごとに異なってくる。また摂関家と一般公家とでも異なってくる。

家妻の地位が、姑（父の正妻）から嫁（嫡子の正妻）に委譲され、家業にかかわる役割も継承されていくようになるが、これは一子相続《いっしそうぞく》となり、家業が父から嫡子に継承されるようになって、代々嫡子に正妻が置かれるようになったために、実現してきたものである。摂関家においても一般公家においても、戦国時代がその時期にあたる。

山科家の家業成立期の家長と家妻の役割分担

一般公家の家業に家妻がどのようにかかわっていたのか、山科家《やましなけ》の場合にはそれを具体的にみることができる。山科家は、天皇の御服《ごふく》（装束《しょうぞく》）を仕立てあげて納める仕事を家業としていた。戦国時代初期の言国《ときくに》が家長の時代は、山科家にとって家業の成立期といえる。家長である言国と家妻である言国正妻（高倉永継《たかくらながつぐ》の娘）は、どのような役割分担をしていたのだろうか。山科言国の日記『言国卿記《ときくにきょうき》』からみていこう。

家長の言国の役割は、

① 御服のことについて、宮中の女房《にょうぼう》から、天皇の御服を調進すべきことが言国に伝達される

② 言国は、担当者と談合して、どのような御服を調製するかを決める

③ 布に織ることを織手《おりて》に申し付け、その費用の手配をする

④　出来あがった御服の進上を行う手続きをする

このように家長の言国の役割は、対朝廷関係と対織手関係であった。

つぎに、家の家政機構の職員である家司《けいし》の役割をみていこう。山科家の家司のなかに、内蔵《くら》寮《りょう》目代《もくだい》・内蔵寮雑掌《ざつしょう》として内蔵寮の寮務の運営を兼ねるものがいた。目代は、大沢《おおさわ》一族である久守《ひさもり》・重致・重敏という父―子―孫が世襲している。この目代の主な役割は、当主言国に代わって禁裏《きんり》御服要脚《ごふくようきゃく》の請取状を発給することであった。

目代以外の家司の役割は、

①　御服要脚を御倉《みくら》などに受け取りにいく

②　家長が出来あがった御服を天皇に進上するとき、御服を長橋局《ながはしのつぼね》まで持参する

③　家妻を補佐して「裁《た》つ」工程にかかわる

ということであった。

実際の御服の調製には、山科家の邸外で内蔵寮織手が「織る」工程と、邸内の「御服《ごふく》所《どころ》」で行われる「染め」「張《は》り」「板引《いたびき》」「裁ち縫う」工程がある。「染める」工程は、山科家の家司と女性の使用人が技術を持ち、「張り」の工程は、家妻である言国正妻が管理している。「裁ち縫う」は、家妻が裁ち女や家司を指図して行っている。御服がすべて出来

あがると、家妻が調《ととの》えている。「調える」とは布地の織り様、染め様、張り様、縫い様という仕様《しよう》を点検することなので、この最後の点検を家妻がするということは、「御服所」で行う工程の最終責任者は、家妻だということになる。

この時代、山科家には御服調製の費用が、そのつど幕府からあるいは長橋局を通して下《げ》行《ぎょう》される。織手に渡す分以外の「御服所」で行われる工程に対する費用が調料《ちょうりょう》になる。この調料は、家妻の管理になっていた。

このように言国が家長の時代は、言国が対朝廷関係・対織手関係といった対外的な役割を果たし、家司が請取状の発給と家長・家妻の役割の補佐をし、家妻は自邸内で行う実際の御服調製を家司や使用人を指揮しながら行い、その最終点検・経済面の責任者となっている。言国が家長の時代、家業は家長が形式的には調製者であり貢納者《こうのうしゃ》であるが、実質的には家妻である言国正妻が責任者となっていた。

家業の確立期は役割分担に変化

戦国時代後期、言国の孫である言継《ときつぐ》が家長の時代は、家業の確立期と考えられる。この時期になると、家長の役割が変化してくる。その様子を山科言継の日記『言継卿記《ときつぐきょうき》』からみていこう。

言継が家長の時代にも、織る工程は邸外の内蔵寮の織手が行い、織り出されてきた後の工程が、山科家の邸内で行われる点は言国が家長の時代と同じである。しかし、家長と家妻の役割分担に変化が見られる。

言国が家長の時代には、家妻が責任者となっていた「染め」「張り」「裁ち縫う」工程を、家長である言継が覚書・定として記録している。『言継卿記』別記には「若宮御元服御童《わらべ》装束事」「諒闇《りようあん》幷《ならびに》御錫紵《しやくじよ》御服之事」に御服のことがまとめられている。これには言継の日記『言継卿記』が同時に残されているので、その部分と比較してみると、これらは日記の中から関係のある部分を取り出してまとめたものであることがわかり、これは覚書だといえる。また、同じく別記に「山科言継卿記御装束御ぬいたての定」があるが、ここでも装束の仕立て方が詳細に記述され、冒頭に「定」とあるのでこれは定文《さだめぶみ》の一種と考えられ、言継が嫡子に伝える目的で記したものだといえる。これらのことから、言継は山科家が行う装束調製の知識を習得し、これを次期家長に伝授するために覚書として、日記とは別にまとめ、定文を作成したのである。

このように家長である言継が、御服調製のための知識を持ち、裁ち縫う技術を習得してくると、家妻は家業にどのようにかかわっていくのだろうか。

父言綱が死去し、言継が家長となった時、家妻はまだ言綱《ときつな》正妻＝言継養母であった。御

図5　山科家略系図

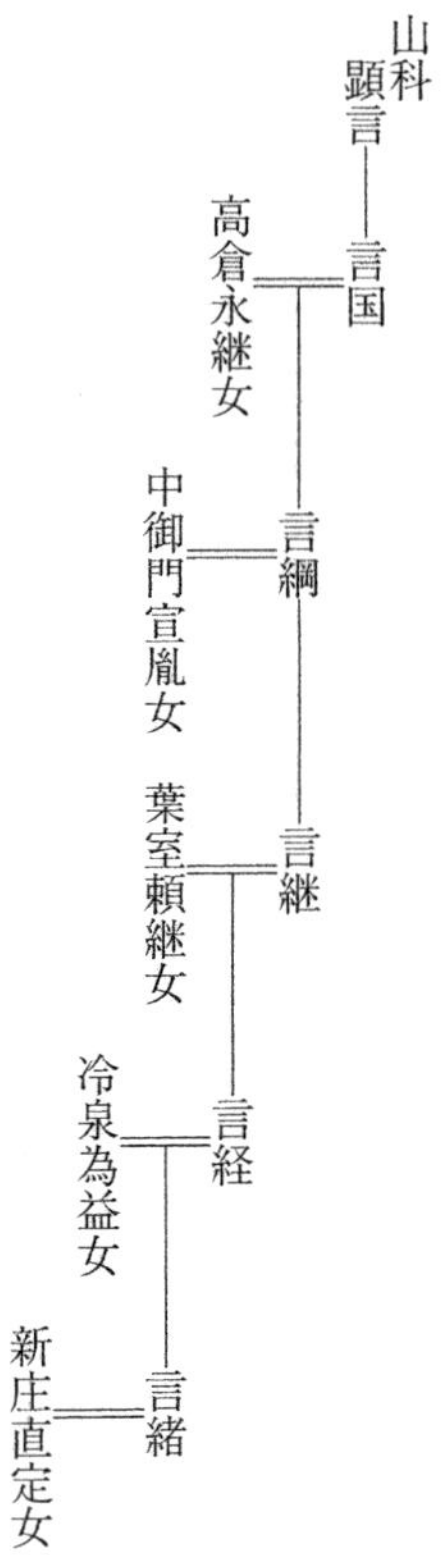

（『尊卑分脈』『言国卿記』『言継卿記』『言経卿記』『言緒卿記』を参考にして作成）

服の調進の時、言綱正妻が装束の絹を取り寄せているので、この布を使用して御服を仕立てることに言綱正妻がかかわっていたと考えられる。また調料についても、朝廷から山科家に支払われた御服の調料が、家長の言継から言綱正妻に渡されているので、言綱正妻が御服の調製にかかわっていたことがわかる。その後、家妻の地位は言継正妻に移るが、言継正妻も御服御《おん》小袖《こそで》を調進しているので、言継正妻が仕立てたと思われ、家妻である言継正妻も家業にかかわっていたといえる。

家長と家妻による家業の技術の継承

山科の家業の成立期には、家長は全体を統括し、対外的交渉にかかわっていく。家内で行われる実際の御服調製の責任者は家妻であり、家業を実際面で支えていく。家業の確立期になると、家長の統括権が強化され、「家」の技術は記録され、父から嫡子に伝授されていく。

一方、御服の実際の「裁ち」「縫う」は、家妻の役割として残されている。家業は、父から嫡子にと男性に継承されていくが、家業の実質面での継承者は、他家から嫁いできた女性である妻であった。

天皇家の装束を制作し、監督するという高度な専門技術と能力は、「家」の技術として、他家から嫁いできた父の正妻から嫡子の正妻へ伝授されていく。

摂関家の家業を支える正妻たち

摂関家《せっかんけ》は、家業として摂政・関白の職を継承していく。摂関家は、鎌倉時代に近衛《このえ》・鷹司《たかつかさ》・九条《くじょう》・二条《にじょう》・一条《いちじょう》の五摂家《ごせっけ》に分かれ、摂関の地位は各家の家長《かちょう》が順についでいく。戦国時代になると、各家は一子相続《いっしそうぞく》となり、家を継承する嫡子《ちゃくし》以外の男子は、他家の嗣子《しし》になる以外は、みな寺院に入り僧侶になった。嫡子のみに嫁取儀式《よめとりぎしき》を挙げた正妻が置かれ、正妻が次期家妻となる。

『実隆公記』紙背文書の妻の消息

では、摂関家の家妻は、家業にどのようにかかわっていたのだろうか。その点について、三条西実隆《さんじょうにしさねたか》の日記『実隆公記《さねたかこうき》』の紙背文書《しはいもんじょ》にある妻の消息《しょうそく》を史料としてみていきたいと思う。なお、紙背文書とは、不要となった文書や書状の裏の文字の記されていない面を利用して日記などを記すことが広く行われたが、このような再利用された日記の裏（紙背）に記された文書のことをいう。

最初に、なぜ『実隆公記』紙背文書の妻の消息を史料にしようとしたのかについて説明しておきたい。鎌倉時代になると、天皇家では女房が書いた女房奉書《にょうぼうほうしょ》が用いられるようになり、室町・戦国時代になると多用されるようになる。女房奉書は、女房（勾当内侍《こうとうのないし》）が天皇の意思をうけたまわって書く奉書である。室町・戦国時代の天皇家では、皇后はおかれず、天皇家内部の家政は女房たちが取り仕切っていた。そして女房たちが、廷臣《ていしん》とのあいだに介在して、天皇に取り次ぐ形をとっていたのである。

また、女房奉書は天皇家だけではなく、関白家においても宣旨局《せんじのつぼね》といわれる女房がいて、女房文《にょうぼうぶみ》をだしている。勾当内侍・宣旨局は、家政機関における統括者として、天皇・関白の内意の表現者として、奉書の発行者の役割を持っていたとされている（脇田晴子『中世に生きる女たち』）。このように摂関家においても、女房が家政機構の統率者として関白の意思を伝える女房文を出すとされるが、戦国時代になると、摂関家でも正妻が置かれる場合が多くなり、正妻が家政を取り仕切っていくが、その場合、正妻も夫の意思を伝える消息を書くのではないだろうか。

この点について疑問に思っていたところ、『実隆公記』の紙背文書に、摂関家・一般公家の正妻の消息をみつけることができた。そこで、この消息から摂関家の正妻の役割の一端を述べていこうと思う。

夫の意思を伝達する妻の消息

『実隆公記』紙背文書には、実隆に宛てた摂関家・一般公家の正妻からの消息とはっきりわかるものが五十八通ある。その中で摂関家の正妻からのものは二十四通である。それは九条尚経《ひさつね》正妻（実隆の娘）・二条尹房《ただふさ》正妻（九条尚経の娘であり、実隆の孫）・鷹司兼輔《かねすけ》正妻（三条西家の本家正親町三条《おおぎまちさんじょう》公治《きんはる》の娘）のものである。この妻たちと実隆との関係は、実隆の娘・孫・本家の娘で、実隆を中心とした親族関係にある女性からのものである（図3②参照、六五頁）。

まず、この消息は娘としてなのか、あるいは妻と認識してのものなのかを考えてみたい。その点を明らかにしてくれるのが、消息に記された「差出書《さしだしがき》」である。「差出書」とは、文書の発信者を意味する文言《もんごん》である。女房奉書では「差出書」は書かないが、『実隆公記』紙背文書の妻からの消息には、「差出書」が記されている。まず、紙背文書に記された「差出書」と『実隆公記』に実隆が記している妻の呼称の関係を一覧にしておく。

〈差出人〉	〈紙背文書消息の差出書〉	〈『実隆公記』による妻の呼称〉
摂関家		
九条尚経正妻	き	北政所
二条尹房正妻	き	北政所
鷹司兼輔正妻	め、あ	女中
一般公家		
三条西公条正妻	に	西向
正親町実胤正妻	き	北向
正親町三条実望正妻	き	北向
中御門宣秀正妻	に	西向
甘露寺元長正妻	き	北向

九条尚経正妻・二条尹房正妻の場合、紙背文書の消息の「差出書」には「き」と記されている（一一二頁消息参照）。消息が書かれた時期は、九条尚経正妻も二条尹房正妻も北政《きたのまん》所《どころ》と呼称されている時期で、『実隆公記』の日記本文にも「北政所」と記されているので、

「き」は「北政所」の「北」を指していると考えられる。鷹司兼輔正妻の場合、紙背文書の消息の一通には「差出書」に「め」、もう一通には「あ」と記されている（一一四頁消息参照）。この二通の「差出書」の部分を、東京大学史料編纂所に所蔵されている原本の写真で見てみたところ、二通とも同じで「め」と訓むことができる。鷹司兼輔正妻が消息を書いた時期はまだ北政所になっていない。この時期、『実隆公記』の日記本文には「女中」と記されているので、この場合は「女中」の「女」を指していると考えてよいだろう。

このことは一般公家の正妻についても同じようなことがいえる。一般公家の正妻については「向名《むきな》」（室町・戦国時代の公家の正妻の呼ばれ方で「方角＋向」を用いる）の頭の一文字を書いている。たとえば、実隆の娘は正親町《おおぎまち》実胤《さねたね》の正妻であり、「差出書」には「き」と書かれているが、『実隆公記』には「北向《きたむき》」と書かれているので、「き」は「北向」の「北」を指していると考えられる。

このように「差出書」は、妻の呼称の頭の一文字を仮名で書いている。日記本文では女性たちが結婚すると、実隆は自分の娘も他家の娘も妻の呼称で書いている。このことからたとえ自分の娘や孫であっても、結婚すれば婚家の一員であるという認識が妻自身にも実家の父にもあったということができる。その認識のもとに消息を書いていることになる。

もう一つの特徴は、消息の文中に「申とて候」という文言がみられるものがあることである。「申とて候」という文言は、女房奉書にも使われる奉書文言であるが、『実隆公記』の紙背文書のうち、摂関家の正妻の消息の約半数にこの文言がみられる。「申とて候」という文言が書かれた勾当内侍の出す女房奉書は、天皇の意思を伝達するものであるが、同じく「申とて候」という文言が書かれた摂関家の妻たちの消息は、夫の意思を伝達するものであるといえる。

では、摂関家の正妻たちは、消息によってどのような夫の意思を伝達していったのだろうか。正妻の消息からみてみよう。

九条尚経正妻の消息

尚経正妻は、実隆の娘である。尚経が関白になると、北政所を称することになる。

永正《えいしょう》七年（一五一〇）六月十四日、四条道場金蓮寺《こんれんじ》の浄阿《じょうあ》に上人号《しょうにんごう》が贈られた。『実隆公記』の同日条には、実隆が執奏《しっそう》した（とりついで天皇に申しあげること）浄阿の上人号が勅許《ちょっきょ》されたことを、蔵人《くろうど》右《う》少弁《しょうべん》万里小路《までのこうじ》秀房《ひでふさ》から書状で実隆に知らせてきたとある。秀房は職掌《しょくしょう》として同綸旨《りんじ》の執筆者であり、実隆が執奏したことを知り、知らせてきたのである。翌日の十五日条には、「四条上人のこと一通を、北政所方に遣わす、彼所望の事なり」とあり、翌日実隆は、秀房からの上人号についての書状を九条北政所に送っている。この上人号は、九条北政所が所望して、実隆に執奏を依頼したものであったからである。このことは、九条北政所が夫尚経の意思を実隆に消息で伝達し、その結果が実隆から九条北政所を介して夫尚経に伝えられたと考えることができる。九条北政所は実隆の娘ではあるが、「北政所」と記されているので、婚家の妻と認識されていたといえる。また、『実隆公記』永正八年五月二十二日条によると、九条北政所から実隆に興福寺《こうふくじ》大《だい》乗院経尋《じょういんきょうじん》から南都衆徒《なんとしゅと》の除服宣下《じょふくせんげ》を所望されたので、朝廷にとりついでほしいと依頼してくる（除服とは喪があけること）。実隆は、伝奏《てんそう》である甘露寺元長《かんろじもとなが》を通して宣下されるようにと伝えている。この場合も、夫九条尚経の意思を、妻である北政所が実隆に伝えている。ここでも「北政所」と記されているので、娘としてではなく、婚家の妻としての認識で伝えていることになり、夫九条尚経の意思を北政所が消息に書き、使者が持参したと考えられる。

翌二十三日条には「大乗院が申された山階寺（興福寺）の寺僧懐春除服寺役に従うべしという御教《みぎょう》書《しょ》が到来したので、尚経の使者に遣わした」とある。実隆は返事を尚経の使者に渡しているので、北政所が昨日夫の意思を取り次ぎしたものだと実隆は認識していたことになる。

二条尹房正妻の消息

尹房の正妻は九条尚経の娘で、実隆の孫である。尹房が関白になると、北政所を称するようになる。

二条家の家司である木幡雅方《こはたまさかた》の叙爵《じょしゃく》の勅許があったことについて、尹房正妻の消息が紙背文書に残されている。次にその消息を引用しておこう。

としの中、木はたまさかた（木幡雅方）じよしやく（叙爵）の事申され候へば、かやうにおほせ（仰）いだされ候。かさねてまさふゆあとのよし申され候へば、ちよつきよ（勅許）候。……ちよつきよかしこまりいられ候よし、申され候はんずるを、その日くれすぎ候て、ちよくたう（勅答）候つるほどに、さんだい（参内）のついでと、いまにえんにん（延引）の事にて候。おそなはりまいらせられ候事にて候ほどに、御かた（方）御まいり候はんずるついでに、よきやうに御申候てまいらせられ候べく候。おなじくはじじゆう（侍従）の事も申されたく候。上けい（卿）の事申され候はんずるよし申とて候。かたがた御さんが（参賀）のついでに、御いで候て御申候はんずるよし申とて候。……

「御あるじの（切封ウワ書）
だれにても　き
御かたへまいる　申給へ　」

（大永八年正月二月紙背文書　二月二十四日至二十九日、同二十一日至二十三日）

叙爵の勅許があったのは、去年（大永六年）の十二月二十八日であった。二条家の当主尹房が参内の時に御礼をしようと思っているが、まだしていない。遅くなってしまったので、実隆の嫡子公条が参内した時に内奏《ないそう》してほしいという夫の意思を「申とて候」とあり、夫尹房の意思を、正妻が消息で実隆に伝達している。

そのことについて『実隆公記』日記本文の大永七年正月十五日条には、「前関白《（二条尹房）》の命あり」とあるので、実隆にとって尹房正妻の消息は、夫尹房の意思を伝えたものという認識があったことがわかり、それを受けて実隆は、息子公条に申し入れさせている。

鷹司兼輔正妻の消息

兼輔正妻は、三条西家の本家である正親町三条家の娘である。兼輔が関白になると、北政所を称するようになる。

実隆は、長享《ちょうきょう》三年（一四八九）に権大納言《ごんだいなごん》に任ぜられて以来、永正三年（一五〇六）まで十八年間、官はそのままで、そのあいだに何人かの人びとに追い越されていた。当時は家格と先例を重視する身分社会であり、官位昇進は公家たちにとっては重大関心事であった。実隆は、父公保《きんやす》の例にならって内大臣《ないだいじん》に昇り、家督を公条《きんえだ》に譲って隠居《いんきょ》するのが最大の願望であった。実隆は家の先例をしたためた一紙をそえて、内大臣昇進の勅許を懇望した。

皇太子時代以来、実隆を信任していた後柏原天皇《ごかしわばらてんのう》は、内諾を与えられた。こうして永正三年二月五日、右大臣九条尚経が左大臣に、内大臣西園寺公藤《さいおんじきんふじ》が右大臣に昇進して、あいた内大臣の席へ、実隆は宿望を達して昇進することができた。しかし、二ヵ月で辞任した。これは当初から予定されていたことであった（芳賀幸四郎『三条西実隆』吉川弘文館、一九六〇年）。

『実隆公記』永正三年四月五日条に「早朝当官辞退の事書《ことがき》一通頭《とう》の弁《べん》に付し了《おわん》ぬ」とあり、実隆は内大臣辞任の書を、担当者である頭の弁の勧修寺《かじゅうじ》尚顕《なおあき》に提出する。そして「又書状を以《も》って、予辞退の事内々鷹司女中に告げ送り了《おわん》ぬ」とあるように、辞退の書を出したその日に、そのことを書状で内々に鷹司兼輔正妻に知らせている。

実隆が辞退すれば、次に権大納言であった鷹司兼輔が内大臣に昇進することになる。そのため、情報をいち早く内々に兼輔正妻を通して兼輔に伝達したことになる。四月九日条には「鷹司女中より書状あり、左大将任槐《にんかい》の事勅許、消息宣下云々、珍重の由報ず」とあり、実隆の書状に対する礼状が兼輔正妻から出されている。この礼状にあたる兼輔の正妻の消息が紙背文書に残されている。これを左に引用しておこう。

このたびは内ふ《(内大臣)》の事御やくそく《(約束)》のごとく御しだい候て、人めじちいかほど御うれしさ、ただいまちよきよ《(勅許)》候とててんそう《(伝奏)》よりおほせ事候。御心やすくおぼしめし候へととりむかいまいらせ候。よろづのこる事候はぬ御めでたさどもにて候。御とりあわせによりしやうそくせんげ《(消息宣下)》におほせいだされ候へば御うれしさ、御むねんながらいまのをりふしの御事にて候。かやうに候果ては御事なり候まじきに、返々御うれしくおぼしめし候よし、いかほどもいかほどもよく心え候て申とて候。ただいまとうのべん《(勧修寺尚顕)》より申され候まゝすぐ申候へとおほせ事候まゝ申候。……

「だれにても《(切封ウワ書)》　まいる　あ《(めカ)》

申給へ　」

（永正三年夏紙背文書　四月二十五日至二十七日、同二十二日至二十四裏）

この消息の「差出書」は「あ」と記されているが、一〇八頁で説明したように、これは「め」であり、鷹司女中つまり鷹司兼輔正妻が実隆に宛てた消息であるといえる。

ここでは、実隆が内大臣を辞退してくれたことを、兼輔がどんなに喜んでいるかを「申とて候」とあり、さらに兼輔を内大臣に任ずるという勅許があり、消息宣下があったことを、いま伝奏から通知されたので、このことを実隆にすぐ伝えるようにと夫が申しております、と妻が消息に書き伝えている。この消息は、実隆からの内々の情報に対しての礼状を、妻が消息で実隆に伝達していることになる。

消息による伝達と取次ぎ

一般公家の正妻も、摂関家の正妻（北政所）も、家政の最終統括者として、消息によって夫の内意を伝えたり、取り次ぐ役割を持っていたことが、明らかになった。しかし、消息で伝達したり、取り次いだりする内容は、一般公家の場合と、摂関家の場合とでは違っていた。

一般公家の正妻の場合は、家政にかかわるものであり、家政は実質的には正妻が責任者であったため、形式的に夫の意思を伝える形で、正妻が消息を書いている。

一方、摂関家の正妻（北政所）の場合は、一般公家の正妻が書いていた家政にかかわる内容の消息のほかに、家業にかかわることについて消息を書いている。摂関家の正妻は家妻として消息によって、家長の意思を伝達する役目を持っていることを明らかにしてきたが、正妻が消息を送っているのは、正妻と親族関係にある実隆に対してである。『実隆公記』の紙背文書には、実隆と親族関係にある九条尚経正妻・二条尹房正妻・鷹司兼輔正妻以外の摂関家の正妻からの消息は見あたらない。摂関家の近衛尚通《ひさみち》正妻も夫の意思を伝える消息を出しているが、それは近衛尚通正妻と親族関係にある武士の細川氏に対してである（『後法成寺関白記《ごほうじようじかんぱくき》』）。

これらの例から考えると、正妻が夫の意思を伝える消息を書くことが出来たのは、正妻の親族関係にある人に対してという限られた範囲だったのではないだろうか。その点が、摂関家の宣旨局《せんじのつぼね》と呼ばれる老女が発行したとされる女房文（脇田晴子『中世に生きる女たち』）との違いではないだろうか。そのように考えると、摂関家にとってどの家と婚姻関係を結ぶかは、家業維持にとって重要なことになってくる。

将軍家の外戚・近衛家の場合

平安時代中期は摂関政治が全盛期であり、摂関家は正式な婚姻によって天皇家に女子を入れ、外戚《がいせき》として政治的実権を握るのが本来であった。しかし鎌倉時代以降、摂関家では、摂関の地位は保持しつづけるが、后妃《こうひ》を入れること自体が次第にまれになり、摂関家でない西園寺をはじめとする他家の娘からに代わるようになる。さらに室町時代〜江戸時代初期には、皇后（中宮《ちゅうぐう》）が立てられなかった。その理由は、天皇家にそれだけの財力がなかったことが大きい。室町・戦国時代は、天皇家の経済力がもっとも弱かった時期である。

近衛尚通の時代になると、近衛家では足利将軍家との婚姻がはじまる。尚通の娘が十二代将軍義晴《よしはる》室に、尚通の子稙家《たねいえ》の娘が十三代将軍義輝《よしてる》室となる。これは近衛家にとっては新たな結婚の形のはずであったが、やがて室町幕府の崩壊で挫折してしまうことになる。
天文《てんぶん》三年（一五三四）六月八日、足利義晴と近衛尚通の娘が婚姻した。従来将軍の御台《みだい》所《どころ》は日野家《ひのけ》の娘であったが、この先例から逸脱した婚姻であった。この時、義晴は近江《おうみ》に逃れていて在京していなかったが、近衛家は将軍家との関係を強めるため、婚姻にふみきったのである。朝廷にとっても、この婚姻によって幕府との一体化を推し進めることができ、さらに公家社会を安定化できると考えていたようである（水野智之『室町時代公武関係の研究』吉川弘文館、二〇〇五年）。この婚姻関係が、近衛家の正妻たちの役割にどのように関係していったのだろうか。

近衛尚通正妻の北政所時代

将軍家で義晴の男子（のちの義輝）が誕生した時、母となる御台所の実家近衛家では、尚通と尚通正妻（北政所）はどのようなかかわり方をしたのだろうか。その様子を近衛尚通の日記『後法成寺関白記』を中心として、『後鑑《のちかがみ》』を参照しながら作成してみよう。

天文五年三月十日　御台（義晴御台所）産気づく。北政所（尚通正妻）産所に向かう。
　　男子（義輝）誕生。
十二日　三夜御祝

尚通、将軍へ馬・太刀《たち》進上。若公へ太刀・馬進上。
北政所、産所に滞在。

十四日　五夜御祝
北政所、産所に滞在。

十五日　七夜御祝
北政所、産所に滞在。

十六日　後七夜御祝
義晴より招かれ、尚通と御台(義晴室)の兄弟である尚通の息子たち——稙家・覚誉(一乗院)・道増(聖護院)・晴通(久我通言養子)——が御所に向かう。
北政所自邸に帰る。

十八日　北政所産所に行く。

二十一日　将軍家の儀式に深くかかわっていた幕府政所執事《まんどころしつじ》の伊勢《いせ》貞孝《さだたか》から産着はいつもは管領《かんれい》が調進するのだが、今回は近衛家がするようにと伝えてくる。

二十二日　御台より北政所へ両種三荷が送られる。

二十三日　御台より北政所へ百疋送られる。
二十七日　着衣始《ちゃくいはじめ》御祝
　　　　　尚通、義晴へ産着を調進。
二十八日　北政所産所に行く。
三十日　北政所自邸に帰る。

御台所が産気づくと、尚通正妻（北政所）は産所に駆けつけ、誕生を見とどけ、その後お七夜《しちや》までは産所に滞在している。将軍家の男子の誕生の産養《うぶやしない》の儀礼をみると、三夜御祝には、尚通が将軍と誕生の若君に馬と太刀を進上している。後七夜御祝には、尚通と稙家をはじめとする尚通の息子たちが、将軍から招かれている。また、着衣始御祝の儀礼のための産着を調進して進上することは、家長である尚通が行っている。一方、尚通正妻（北政所）は実際に産所にかけつけ、滞在して世話をしている。尚通正妻（北政所）に対しては、御台所から酒肴と百疋が御礼として送られている。

このように近衛家は、将軍家の外戚として、将軍家の後継者の誕生の儀礼に関与していく。それは家長が儀礼的面に関与し、実際面では尚通正妻（北政所）がかかわっていくことになる。鎌倉時代には、将軍が行う武家儀礼には北条政子は関与せず、故実の世界はジエンダーの壁が厚かったのだろうとされている（野村育世『北条政子』吉川弘文館、二〇〇〇年）。足利将軍家の場合には、表の儀礼面には尚通正妻（北政所）はかかわることはできなかったが、儀礼の実質面は正妻も関与している。

大政所時代の近衛尚通正妻

近衛尚通正妻が幕政にかかわっていたことを示す記事が、将軍足利義晴の側近として仕えた内談衆《ないだんしゅう》の大館常興《おおだちじょうこう》が記した『大館常興日記』にある。

天文八年（一五三九）十二月四日、近衛殿大政所《おおまんどころ》殿より伊予国《いよのくに》（愛媛県）の戦国大名河《こう》野《の》通直《みちなお》を御相伴衆《ごしょうばんしゅう》に加えられるよう、幕府内談衆大館晴光《はるみつ》（常興の息）を通じて内談衆の大館常興に依頼してきた。常興から将軍義晴を補佐していた近江守護《しゅご》六角定頼《ろっかくさだより》へ伝えられ、義晴からの返答を得られるようにした。翌十二月五日、常興は定頼から「御相伴衆に加える事については、先例がないことなので、幕府内では反対意見もあったが通直が御相伴衆に加えられるのは上意次第だろう」と返答があった。常興はそのことを息子の晴光に書状で伝え、晴光から近衛大政所へ伝えられた。そして通直は翌天文九年四月、御相伴衆に加えられることになり、御礼として義晴に太刀と二千疋を、その子義輝に馬と太刀を進上している。

室町幕府御相伴衆は、六代将軍義教《よしのり》の時代に成立する。本来御相伴衆とは、将軍の社寺や諸大名邸などの御成に際して催される酒食の饗宴《きょうえん》に陪食《ばいしょく》を許されるものである。その後、幕府における身分的格式として発展していく。

戦国時代になると、幕府機構の衰退とともに本来の任務である将軍近侍《きんじ》の相伴という性格が失われ、御相伴衆の称も単なる称号的なものに変質していった。義晴・義輝から御相伴衆を許された人びとは、天文・永禄《えいろく》期の京都周辺で勢力を誇った実力者や、朝廷および幕府に対して多額の物質的援助を惜しまなかった地方の戦国大名たちである（二木謙一『中世武家儀礼の研究』吉川弘文館、一九八五年）。

戦国大名河野通直も、この新しいタイプの御相伴衆であった。河野通直が御相伴衆に加えられた手続きをみてみると、まず近衛殿大政所から内談衆を通じて定頼から将軍の回答を得ようとし、その返答は定頼→内談衆→大政所へと伝えられている。

では、なぜ尚通正妻（近衛大政所）が、このような幕政に口入《くにゅう》することができたのだろうか。ここで足利義晴時代の天文年間の幕政についてみてみよう。

この時代の幕政の特徴は、将軍側近たちによる内談衆が設置され、幕政の多くを彼らが担ったことである。しかしこの時期、内談で案件が処理されるのは、相国寺《しょうこくじ》や等持寺《とうじじ》と言った将軍家と深い関係にあるとか、奉公衆《ほうこうしゅう》や奉行人《ぶぎょうにん》など将軍の直臣《じきしん》が訴訟の当事者である場合、また朝廷・将軍家と姻戚関係にある近衛家・六角定頼など有力者の口入や後ろ盾がある場合である（設楽薫「将軍足利義晴の政務決裁と『内談衆』」『年報中世史研究』二〇、一九九五年）。近衛家は将軍家と姻戚関係にあるため、内談衆に口入することができたことになる。

この時の近衛家をみると、尚通は出家はしているが、家長である。尚通正妻（近衛大政所）は、家長の正妻である。ここで、北政所が大政所になるということが重要になってくる（八〇頁参照）。尚通の嫡子稙家は、三年前の天文五年に関白になり、稙家の正妻は北政所を称したばかりである。この時期、近衛家の家政の統括者である家妻《いえづま》は、北政所から大政所になった尚通正妻であった。尚通正妻は家妻として、家長への取次ぎ役という役割から、家長の代行をすることができたのである。

この内談衆に働きかけることは、足利義晴室（近衛尚通の娘）の場合にもみることができる。『室町幕府引付史料集成』をみると、足利義晴室が「近衛家領河嶋荘を相国寺万松軒が訴訟しているのは謂《いわ》れなし、各々心得るべき旨内談衆に命じよ」と、日行事である内談衆の摂津元造に申し付けている。これは内談衆に対して、将軍家妻室が、実家の家領《けりょう》の問題につき働きかけているのである。義晴室はまた、杉三河守（大内被官《ひかん》）の官途《かんと》（民部大輔）の口宣《くぜん》を出すようにと、内談衆の摂津元造から職事《しきじ》に申し入れさせている（田端泰子『日本中世女性史論』）。

このように、将軍家の御台所は官途などに関して、その決定を左右する強力な働きかけを、内談衆に行う権限をもつが、その権限は将軍家の外戚になった近衛家の正妻にも与えられていたことになる。

近衛稙家正妻の北政所時代

将軍義晴の男子義輝は、天文十五年（一五四六）十二月十九日に元服《げんぷく》した。加冠役《かかんやく》は有力守護の六角定頼であった。同月二十日には、義晴が将軍職を辞任し、義輝が任命された。二十二日には義晴と御台所、義輝が六角定頼邸に御成《おなり》を行う。御成とは将軍が臣下のもとに赴くもので儀式にのっとって行われる行事である。この日の様子を『後鑑』からみていこう。

義晴・御台所と義輝が御供衆《おともしゅう》を従えて定頼邸に到着すると、酒礼としての式三献《しきさんこん》（酒肴や吸い物を出し、盃を客にたてまつり、三杯飲ませて膳を下げることを一献といい、それを三回くりかえすこと）があり、それをすませてから、酒宴の部に入る。座敷には、亭主役の定頼父子と義晴・義輝の他、共食にあずかるのは将軍家と外戚関係にある近衛稙家と稙家の兄弟（道増・久我晴通《こがはれみち》）や近衛家と親しい公家たちであった。一方、御簾中《ごれんちゅう》では御台所のもとで一献があった。御相伴したのは北政所（稙家正妻）と定頼妻であった。

このように将軍・御台所が臣下の邸宅に御成の時、近衛稙家が相伴する場合には、正妻も御台所の相伴として参加している。これも将軍家の外戚としての役割と思われ、この役割を夫婦で果たしていることになる。この場合、正妻も公的場に現れ、儀礼の酒の相伴をしているのである。

以上のように、外戚としての近衛家の家妻の役割は、父の正妻から嫡子の正妻へと継承されていくのである。

公家の家業とジェンダー

中世後期も戦国時代になると、公家の家業である官職は、摂関家でも一般公家でも、嫡子一人が継承していくようになる。官職に就くことが出来るのは、家格の家の男子のみであるが、この家業は家が継承・運営していくようになるため、家妻も家業にかかわっていくようになる。

摂関家の家妻たちは、家長への取次ぎ役として家長の政治向きの事柄に関与し、また、将軍家の外戚になる近衛家の家妻は、外戚としての役割を家長とともに果たしていく。一方、一般公家の山科家《やましなけ》の家妻は、家内では家業の実質面の責任者となり、家業の技術は父の正妻から嫡子の正妻へと継承していく。

このように、中世の公家においては、対社会的に家を代表するのは男性の家長であるが、脇田晴子氏が指摘されているように、社会労働と家内労働の未分離の前近代の家では（脇田晴子『日本中世女性史の研究』）、家長の公的役割の一部を家内で家妻が担っていたことになる。この家妻の役割は、義江明子氏が古代の女性の社会的役割は〝隠れた〟供給・仕奉に見いだされるとされた役割に通じると考えられる（義江明子『日本古代女性史論』）。さらに長野ひろ子氏が指摘された、江戸時代の将軍・大名の妻娘は公的存在とみなされ、儀礼面を中心に政治的役割を担っていたことにもつながっていくのではないだろうか（長野ひろ子『日本近世ジェンダー論』吉川弘文館、二〇〇三年）。

そして、このような家長と家妻の関係は、男性優位の体質は有していることは事実であるが、究極においてジェンダー原理が貫徹しえないところに日本の家の特質が存在すると認識され、またこれが日本型家父長制《かふちょうせい》の特徴ということになるのであろう。

婚家の一員と認識された正妻たち

夫婦別氏にして夫婦同名字——公式文書と公称との使い分け

戦国時代摂関家の名字（家の名）と正妻の名字（家の名）

名字《みょうじ》とは個々の家の「家《いえ》の名《な》」で、今日、姓《せい》・氏《し》と呼ばれているものは、正確にはこの名字（家の名）にあたる。「氏《うじ》の名《な》」は天皇が上から与える公的な名であるのに対して、名字（家の名）は自ら私称するものであった。名字が「家の名」になるのは、中世後期であり、家が父から嫡子《ちゃくし》へ嫡子単独相続されるようになると、どの階層でも成立してくる。

まず摂関家《せっかんけ》の名字（家の名）の成立を見てみよう。平安時代末期、藤原氏《ふじわらうじ》の嫡流《ちゃくりゅう》が基《もと》実《ざね》・兼実《かねざね》の二流に分かれる。当時の人はこれをその住居によって区別し、基実は近衛家《このえけ》を称し、兼実は京都の九条の地に邸宅を構えていたので、九条家《くじょうけ》を称した。鎌倉時代になると、近衛家では基通《もとみち》の孫兼経《かねつね》の時に弟兼平《かねひら》を分立させて、鷹司室町《たかつかさむろまち》に邸宅があったので鷹司《たかつかさ》家《け》と称した。九条家では道家《みちいえ》の時二男良実《よしざね》を分立させ、二条京極《にじょうきょうごく》に邸宅があったことから二条《にじょう》家《け》と称した。同じく道家の四男実経《さねつね》を分立させ、一条坊門《いちじょうぼうもん》に邸宅があったので、一条《いちじょう》家《け》と称した。ここに五摂《ごせつ》家《け》となり、近衛家・九条家・鷹司家・二条家・一条家を称するようになる。この邸宅のある地名に由来する名字は父子で継承されるようになり「家の名」として定着していく。この場合、「氏の名」は藤原氏である。この五摂家の様子を左に図示しておこう。

　このように五摂家の名字が「家の名」として定着してくると、男性の場合は「名字（家の名）＋官職」の呼ばれ方をし、この「家の名」が父から嫡子に引き継がれていく。

図6　五摂家系図

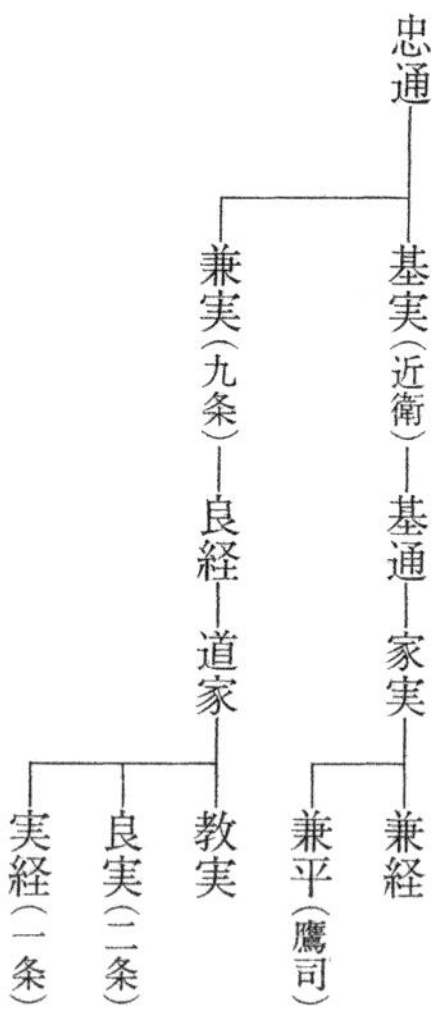

では、正妻はどのように呼ばれているのだろうか。戦国時代になり、再び正妻が置かれるようになると、嫡子と嫁取《よめとり》儀式《ぎしき》をあげた正妻は「婚家の「名字（家の名）＋女中」と呼ばれ、夫が関白となり、北政所《きたのまんどころ》と称されるようになると、「婚家の名字（家の名）＋北政所」と称されるようになる。北政所が大政所《おおまんどころ》となると「婚家の名字（家の名）＋大政所」と称されている。たとえば、近衛尚通正妻は「近衛北政所」、大政所になると「近衛殿大政所」、九条尚経《ひさつね》正妻は「九条北政所」、鷹司兼輔《かねすけ》正妻は北政所になる前は「鷹司女中」、北政所になってからは「鷹司北政所」、二条尹房《ただふさ》妻は「二条北政所」、大政所になると「二条殿大政所」、二条晴良《はれよし》妻は「二条北政所」などがある（七三・七七〜七九頁参照）。

中世の家は、家長《かちょう》と家妻《いえづま》により、役割分担して運営されている。嫡子《ちゃくし》単独相続《たんどくそうぞく》になる中世後期の家は家業《かぎょう》も世襲化《せしゅうか》され、父から嫡子へ継承されていく。その家業の運営にも家妻は重要な役割を果たしていく。名字（家の名）が定着してくると、家妻として家の運営に重要な役割を果たしていた正妻は、家の正式な構成員と認められたため、婚家の名字（家の名）に社会的に認知された妻の呼称を付して呼ばれるようになる。そしてこの婚家の名字（家の名）は、父の正妻から嫡子の正妻へと引き継がれていく。

一般公家の名字（家の名）と正妻の名字（家の名）

貴族社会では、官職名で呼び合うことを原則としていたが、十四世紀になると同じ官職の人を区別するために用いられていた居所やゆかりの寺院にちなむ「万里小路《までのこうじ》中納言《ちゅうなごん》」「西園寺《さいおんじ》大納言《だいなごん》」などの称号が父子で引き継がれ、万里小路家や西園寺家という「家の名」として定着する（高橋秀樹『中世の家と性』）。

このように一般公家の家でも名字（家の名）が定着してくると、正妻はどのように呼ばれていたのだろうか。戦国時代の一般公家の家でも、嫡子と嫁取儀式を挙げた妻が、正妻である。

この時代の正妻は「向名《むきな》」で呼ばれることが多い。「向名」とは室町・戦国時代の一般公家の正妻の呼び方で、「南向《みなみむき》」「西向《にしむき》」など「方角＋向」の呼ばれ方である。多くの家では姑と嫁が「東—西」「南—北」のように対になるように形づけられていた。三条西家の場合、息子の公条《きんえだ》の正妻に「西向」の名がつけられたのは結婚から約二年後のことで、公条の子息の魚味《ぎょみ》の儀式（はじめて魚を食べさせる祝い）の日であった。「向名」は自分の家だけで通用するのではなく、他の公家の日記にも記されているので、対外的にも認知された一種の公称であった。

そして、この「向名」に婚家の名字（家の名）が付けられるのである。たとえば、三条西実隆《さんじょうにしさねたか》の日記『実隆公記《さねたかこうき》』の中では、中御門宣秀《なかみかどのぶひで》（宣胤《のぶたね》息子）正妻を「中御門西向《にしむき》」、甘露寺元長《かんろじもとなが》正妻を「甘露寺北向《きたむき》」と称し、甘露寺親長《ちかなが》の日記『親長卿記《ちかながきょうき》』の中では、中御門宣胤正妻を「中御門東向《ひがしむき》」と称している。「向名」以外には「女中」が用いられるが、その場合には「婚家の名字（家の名）＋女中」と呼ばれ、夫が死去すると、「婚家の名字（家の名）＋後室」と呼ばれている。その例を近衛尚通の日記『後法成寺関白記《ごほうじょうじかんぱくき》』にみてみると、徳大寺実淳《とくだいじさねあつ》正妻を「徳大寺女中」、久我通言《こがみちのぶ》正妻を「久我女中」と称し、夫が死去すると、「徳大寺女中」は「徳大寺後室」と称されている。

以上のように、一般公家の正妻も家長とともに家妻として、家の家政・家業の運営を分担しているため、婚家の構成員と認識され、婚家の名字（家の名）に社会的に認められた妻の呼称を付けて呼ばれている。ここでも婚家の名字（家の名）は、父の正妻から嫡子の正妻に引き継がれていくことになる。

摂関家正妻の「氏の名」

このように名字（家の名）が成立してきても、官位・官職の授与など、天皇を頂点とする社会システムのなかで位置づけられる文書のなかでは、男性も女性も「氏の名」が使われる。

摂関家の正妻は、夫が関白になり、北政所を称するようになると、叙位《じょい》を請ける。その文書には「氏の名」が記される。「氏の名」は生まれながらのものであるから、結婚している女性も実家の「氏の名」を名乗ることになる。近衛政家の日記『後法興院記《ごほうこういんき》』文正《ぶんしょう》元年（一四六六）四月十九日条に、女叙位《おんなじょい》の聞書《ききがき》が記されている。

女叙位では、皇親・後宮・乳母・女官《にょかん》の他に、関白の正妻が叙爵《じょしゃく》される。この聞書の記事をみると、女官のなかに「源益子関白室」とある。文正元年の関白は二条持通である。つまりこの関白室は持通正妻ということになる。持通正妻は神祇伯《じんぎはく》雅兼王の娘で、神祇伯は平安末期より世襲化されており、白川家《しらかわけ》とも伯家《はっけ》とも称されていた。この白川家は鎌倉時代には源姓を称している。このことから持通正妻は実家の「氏の名」である「源氏《みなもとうじ》」を名乗ったことになる。このように摂関家の正妻は「氏の名」を名乗る機会があったが、一般公家の正妻は「氏の名」を使用する機会が少なくなる。

摂関家正妻の名前

古代・中世の女性の名前は社会状況により変化する。この点をくわしく研究されたのは飯沼賢司氏である（飯沼賢司「女性名から見た中世の女性の社会的位置」。「中世女性の名前について」『週刊朝日百科日本の歴史別冊歴史の読み方八　名前と系図・花押と印章』朝日新聞社、一九八九年）。飯沼氏は当時の女性名をいくつかの類型に区分した上で、それぞれが女性の社会的地位の問題と密接に関係していることを明らかにされ、平安時代から鎌倉時代にかけての女性名を、次の五つの類型に分類されている。

①　古代型（虫売《むしめ》・広刀自売《ひろとじめ》）

　ほぼ十世紀を境に消滅する。

②　嘉字《かじ》＋子型（定子《ていし》・彰子《しょうし》）

　九世紀後半〜十世紀に急増、十一世紀後半に激減する。嵯峨天皇《さがてんのう》の命名法の改革によって、男子は二字の嘉字名、女子は〇子が正式なものとされ、また童名《どうみょう》と成人名という区別を出現させた。②のような成人名を名乗れる女性は、公的な場に奉仕する一部の上流女性に限られていた。

③　童名型（観音女・鶴石女・徳御前）

　十一世紀に登場し、十三世紀初頭以降急増する。

④　排行《はいこう》＋子型（姉子・二子・三子）

　十世紀前半に出現、十一世紀〜十三世紀はじめには、全女性名の半分以上の比率を占める。十三世紀後半になると、しだいに減少する。④が流行した時代は、女性も財産相続権を持ち、しかも出生順によって相続できる土地財産の量に差があることが多かったため、それが女性の名前にも反映され、④の名前が登場した。

⑤ 氏女《うじのにょ》型（藤原氏女・中原氏女）

十一世紀後半という中世的イエの成立期に登場する。これは藤原氏《ふじわらうじ》、中原氏《なかはらうじ》、源氏《みなもとうじ》、平氏《たいらうじ》など、古代貴族の氏名《うじな》の下に「女」という字をつけた。この場合、女性は結婚しても未婚時代の氏を用いつづける。これは、実家との結びつきの強さのあらわれだとみなしている。これは十五世紀初頭には消滅する。

以上の分類からみると、本書で取り扱う内容と、とくにかかわるのは②である。

前にも述べたように、摂関家の正妻は北政所になると、叙位のために名前が必要になる。では、名前はどのようにしてつけられたのだろうか。日本の女性名については、角田文衛氏が細かく研究されている（『日本の女性名』）。その中で、摂関家、西園寺家など最高級の貴族の娘たちの名前について、

① 学者たちの勘文《かんもん》（学者が前例故実《こじつ》を考えまたは占いの結果について吉凶を按じ、上申《じょうしん》した意見書）によって決められたもの。これはむずかしいものが多く、訓《よ》みの不明な名が少なくない。

② 父の偏諱《かたいみな》をとる伝統的な女性名。父の諱は二字からできているから、偏諱を名につける娘は、二人にかぎられる。娘が三人以上いる場合には、祖父、外祖父の諱に因んでいる。偏諱をとって命名された場合は、父と同じ訓読される。たとえば源基平《みなもとのもとひら》の娘の基子は、偏諱をとって命名されたもので、絶対に（モトコ）と訓まねばならない。

③ どちらにもよらないもの。おそらく適宜につけられた名前も多かったようである。

と分類されている。

では、戦国時代の摂関家の正妻の名前はどのように付けられたのだろうか。角田氏の説を参考にしながら、名前の分かっているものについて分類してみよう。これらはいずれも飯沼氏が分類された②「嘉字＋子」型である。訓み方は、角田氏の説を取り入れ、筆者が入れたものである。

偏諱にちなんだと考えられるもの

九条尚経正妻　保子　三条西公保《きんやす》の孫、実家の祖父の偏諱にちなみ命名、訓読ヤスコ

鷹司政平正妻　経子　一条経嗣《つねつぐ》の孫、実家の祖父の偏諱にちなみ命名、訓読ツネコ

二条政嗣正妻　兼子　水無瀬季兼猶子、養父の偏諱にちなみ命名

二条尹房正妻　経子　九条尚経《ひさつね》の娘、父の偏諱にちなみ命名　訓読ツネコ

偏諱でないと考えられるもの

近衛尚通正妻　維子　フサコ（『尊卑分脈《そんぴぶんみゃく》』徳大寺家）

近衛稙家正妻　慶子

九条政基正妻　智子

二条持通正妻　益子

二条晴良正妻　位子女王

この時代にも、実家の父・祖父・養父の偏諱にちなむ場合があったことがわかる。これらの実名は、公式の文書で使われるだけで、公家の女性には実名を敬避する習慣があるので、あくまでも公式の場合のみで、結婚後は前にも述べたとおり「近衛北政所」「九条北政所」といった呼び方をしていた（一三〇頁参照）。

夫婦別氏・夫婦同名字（家の名）

南北朝時代になり、中世の家が確立してくると、摂関家・一般公家では、名字が「家の名」として定着してくる。しかしそれまで使われていた「氏の名」も官位《かんい》・官職《かんしょく》の授与など、天皇を頂点とする社会システムのなかに位置づけられるときなどには使われている。戦国時代、摂関家の正妻は官

位を授与されるときの位記《いき》には、実家の「氏の名」と名前（成人名）が記される。また一般公家の正妻も公的な文書などには、実家の「氏の名」が記される。

通常は、摂関家の正妻は、「婚家の名字（家の名）＋女中」「婚家の名字（家の名）＋北政所」、一般公家の正妻は「婚家の名字（家の名）＋向名」「婚家の名字（家の名）＋女中」といったように、婚家の名字（家の名）＋妻の社会的呼称で呼ばれるようになる。これは夫婦同名字（家の名）である。正妻は婚家の一員と認識されていたことになり、戦国時代は夫婦別氏《ふうふべつうじ》で、夫婦同名字《ふうふどうみようじ》（家の名）ということになる。さらに名字（家の名）は父から嫡子に引き継がれるが、父の正妻から嫡子の正妻にも引き継がれるようになる。

庶民レベルでも、中世前期には夫婦別氏で、中世後期になると、夫婦は同一の名字を用いることになるが、女性が名字を用いることはまれであった。近世になると、「氏の名」と名字が混同され、中世前期以前の夫婦別氏の慣習を夫婦別名字と勘違いしていると指摘されている（坂田聡『苗字と名前の歴史』）。

ここで、夫婦別姓の議論の時によく例にあげられる日野富子《ひのとみこ》の場合をみておこう。これも「氏の名」と名字（家の名）の混同がみられる。日野は富子の実家の名字であるので、富子が婚姻すれば名乗ることはないはずである。「富子」は成人名で公的な場合しか使用しない。公的な場合には「実家の氏の名＋名前」であり、富子の場合は「藤原富子」が正式である。この場合も近世以来の「氏の名」と名字（家の名）の混同から、このように呼ばれ、それが定着してしまったのであろう。

夫婦別墓地から夫婦同墓地へ

室町・戦国時代の公家の夫婦別墓地と夫婦同墓地

このことについては、言葉だけでは理解しにくいと思うので、図を作成してみた。それが図7である。

墓地の中に各家の墓域《ぼいき》があり、その中に個人の石塔が立てられている。A墓地の中のa家墓域に夫の個人の石塔があり、B墓地の中のa家墓域に妻の個人の石塔がある場合は夫婦別墓地《ふうふべつぼち》である。この場合、A墓地内の夫の石塔がある墓域も、B墓地内の妻の石塔が立てられている墓域も、a家墓域である。そのため、夫婦はa家墓域内での別墓地ということになる。これが室町時代の公家の夫婦別墓地である。

夫婦別墓地

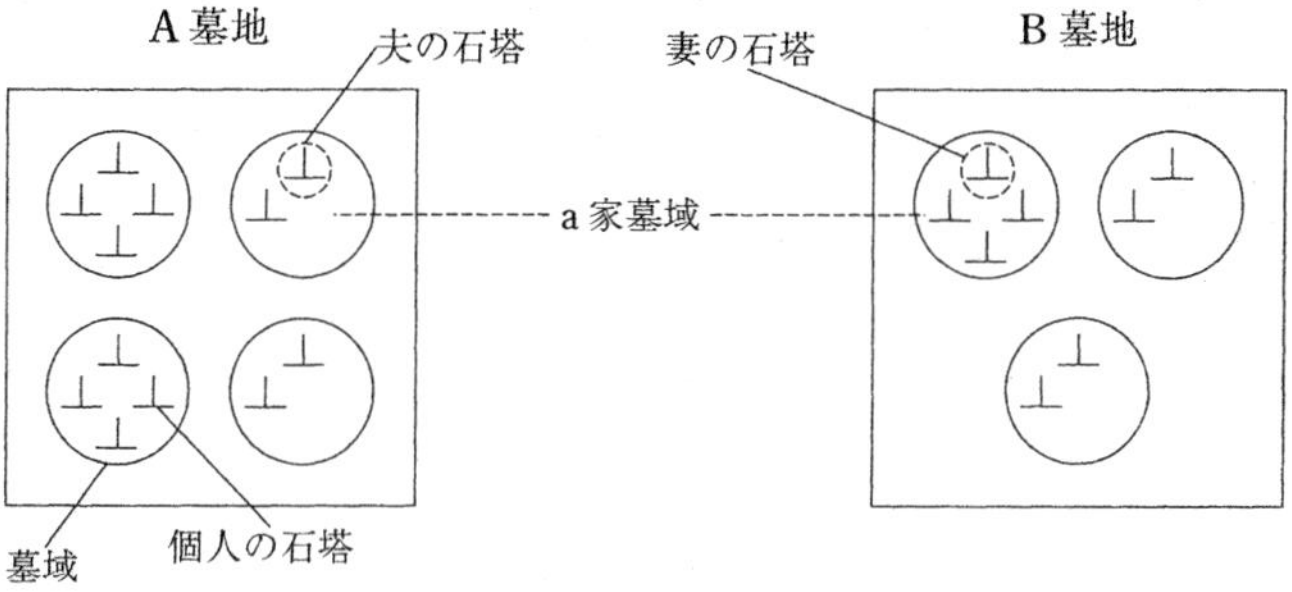

夫婦同墓地

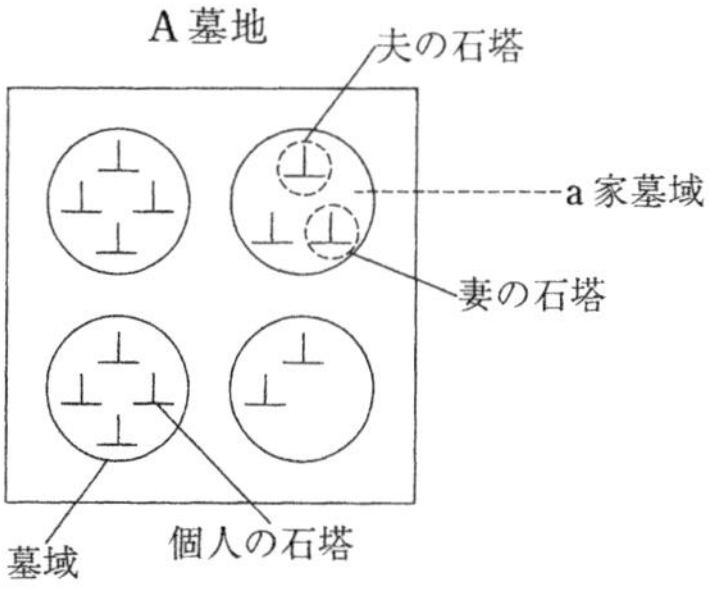

図 7　室町・戦国時代公家の墓地概念図

『実隆公記』『親長卿記』『宣胤卿記』『元長卿記』などを参考にして作成.

図8　三条西家墓（京都二尊院）

つぎに、A墓地内のａ家墓域に夫と妻の個人の石塔がある場合が夫婦同墓地《ふうふどうぼち》である。これが戦国時代の公家の夫婦同墓地である。

京都二尊院墓地にみる中世墓地

現在、京都の二尊院《にそんいん》墓地に行くと、戦国時代の公家の墓地の雰囲気をみることができる。寺院の裏山が墓地になっていて、そこに鷹司家《たかつかさけ》・三条家《さんじょうけ》・四《し》条家《じょうけ》・三条西家《さんじょうにしけ》などの墓域がある。この墓域に個人の石塔が立てられている。

三条西家の墓域を見てみると、公保《きんやす》―実《さね》隆《たか》―公条《きんえだ》―実枝《さねき》といった実隆を中心とした中世の男性の個人の石塔があり、実枝の左側には妻のものと思われる個人の石塔が三基《き》ある。これらの墓は、ある時点で整理されたものと思われるが、墓地の中に各家の墓域があり、その中に個人の石塔があるという関係は、中世の墓地のあり方の参考になる。

室町時代の家ごとの墓域

室町時代になると、一門墓《いちもん》に家ごとの墓域が形成されていくことになる。たとえば、経房《つねふさ》を祖とする一門墓地は浄蓮華院《じょうれんげいん》墓地《ぼち》である。この墓地に万里小路《までのこうじ》家《け》・勧修寺《かじゅうじ》家《け》・中御門《なかみかど》家《け》・甘露寺《かんろじ》家《け》などが家ごとに墓域を形成し、散在していたと見られる（高橋秀樹『日本中世の家族と親族』）。では、一門墓の成立に対応して萌芽《ほうが》してきた異氏の夫婦別墓制は、一門墓に家ごとの墓域が形成されるようになると、夫婦の墓はどのように変化していくのだろうか。

三条西家の場合

三条西実隆の日記『実隆公記《さねたかこうき》』からその様子をみてみよう。三条西家は二尊院墓地に墓域があり、代々の家長《かちょう》の石塔が立てられていた。三条西実隆の父公保は、二尊院墓地の三条西家の墓域に個人の石塔が立てられていたが、実隆の母である公保正妻は「一原野志《いちはらのし》の坂《さか》墓地」に個人の石塔が立てられていた。この「一原野志の坂墓地」は、鞍馬街道《くらまかいどう》に沿った山間部にあり、鞍馬寺《くらまでら》・大雲寺《だいうんじ》などの天台宗《てんだいしゅう》とかかわりがある墓地だろうとされている（細川涼一「「通小町」と一原野小町寺の惣墓」藤井正雄・義江彰夫・孝本貢編『家族と墓』早稲田大学出版部、二〇〇三年）。公保正妻は、公保が長禄《ちょうろく》四年（一四六〇）六十三歳で死去すると、応仁《おうにん》の乱《らん》の戦火を避け、実隆を連れて鞍馬寺の坊に疎開する。そして、公保正妻は鞍馬寺の坊で文明《ぶんめい》四年（一四七二）五十歳で死去しているので、公保正妻は鞍馬寺にかかわりのある墓地に石塔が立てられたと思われる。この母の墓地へは、夫方の家の後継者である実隆が、一原野志の坂墓地内の母の石塔の周囲の垣根を修理し、盆には二尊院墓地と一原野志の坂墓地に参詣し、一原野志の坂墓地の墓守と、二尊院に費用を渡している。

このように一原野志の坂墓地内の公保正妻の墓は、たとえ一基であっても垣根で囲われ、夫方の家の後継者により管理され、盆の墓参もなされている。このことから、公保正妻の石塔のある墓域も三条西家の家の墓域と考えられ、公保と公保正妻は家の墓域内の夫婦別墓地であるといえる（図7参照）。

甘露寺家の場合

甘露寺《かんろじ》親長《ちかなが》の日記『親長卿記《ちかながきょうき》』・甘露寺元長《もとなが》の日記『元長卿記《もとながきょうき》』からみていこう。親長の父房長の石塔は、誓願寺《せいがんじ》墓地にあった。しかし、母である房長正妻の石塔は浄蓮華院墓地にある。浄蓮華院墓地は、経房を祖とする一門が各家ごとに墓域を形成しており、房長正妻は甘露寺家の墓域に石塔が立てられたことになる。

家の後継者である親長は、父の正忌《しようき》に誓願寺墓地を参詣しており、後述するように（一四八頁参照）、親長夫婦は浄蓮華院墓地に逆修《ぎやくしゆ》墓を立てるが（「逆修」とはみずからの菩提を弔うために生前あらかじめ仏事を営むこと）、親長の息子元長は親長正妻の遺骨を房長の石塔がある誓願寺墓地に分骨しているので、誓願寺墓地の墓域も甘露寺家の墓域と考えていたといえる。これらのことから、房長夫婦は別墓地ではあるが、家の墓域内での夫婦別墓地である（図7参照）。

戦国時代の夫婦同墓地

室町時代の夫婦別墓制は、墓地の帰属が生氏によって決まり、結果、夫婦で別墓となる平安時代の夫婦別墓制とは異なって、夫方の家の墓域内での夫婦別墓地である。室町時代には、家の後継者の実母である父の正妻が、夫方の家の墓域に入っていくようになる。この段階を経て、戦国時代になると、夫婦同墓地になっていく。

近衛家の場合

まず、近衛《このえ》政家《まさいえ》の日記『後法興院記《ごほうこういんき》』を史料として見ていこう。政家の父房嗣は、長享《ちようきよう》二年（一四八八）十月十九日に八十七歳で死去している。延徳《えんとく》元年（一四八九）十月十九日条に「先公御墓所、東山」とある。先公は房嗣を指しているので、房嗣の石塔は東山区域にあったことがわかる。

政家の母である房嗣妻は、諡号《しごう》を妙等院といい、家女房《いえのにょうぼう》であった。先にもふれたように当時の近衛家では代々家女房を妻としていた。正妻が置かれるようになるのは、政家の嫡子尚通《ひさみち》の時からである（五六頁参照）。妙等院は正妻ではないが、家の後継者政家の母であり、同時期に他の妻はおらず、正妻の役割を果たす「正妻格」だったと考えられる。この妻は、夫より十九年前の文明《ぶんめい》元年（一四六九）八月十三日に死去している。文明十四年八月七日、妙等院の第十三回追善仏事《ついぜんぶつじ》を行い、十日に房嗣・政家たちが「東山《ひがしやま》墓所」に参詣《さんけい》しているので、妙等院は東山墓所に葬られていたことになる。夫より先に死去しているが、夫の意思により、妻は近衛家の墓域に入っていくことになる。

政家の妻であり「家」の後継者尚通の実母も家女房であり、諡号を等心院という。等心院の場合も正妻ではないが、「正妻格」であった。等心院は文明十四年七月六日に死去しており、夫政家より先に死去している。文明十六年七月六日、等心院の第三ヵ年の追善仏事を行うが、当日政家は「東山之御墓所」に参詣しているので、等心院も夫の意思により、近衛家の墓域に葬られたことがわかる。

政家には、他に「上臈《じょうろう》」と称された妾《しょう》と、一条院良誉の母がいたが、これらの女性の墓地ははっきりしない。

このように政家には、「家」の後継者尚通の実母であり、「正妻格」である妻のほかに妾がいたが、夫方の墓域に入ることが出来たのは「家」の後継者の実母であり、「正妻格」の妻だけであった。

近衛家の東山にある墓域には、房嗣夫婦（政家の父母）、房嗣の後継者政家の妻（尚通の母）の個人の石塔が立てられている。房嗣妻も政家妻も家女房ではあるが、「家」の後継者の実母であり、「正妻格」である。この二人はいずれも夫に先立って死去しているが、夫の意思で夫の「家」の墓域に入れられており、夫が死去すると夫婦同墓地となる。そして母と嫡子の妻は、連続して同墓地となっている。

三条西家の場合

つぎに、『実隆公記』を史料として、実隆と正妻の墓地についてみていく。大永《だいえい》六年（一五二六）七月三日条に「二尊院墳墓に焼香、三十疋携える、恵教房諷経《ふぎん》す、このついでに予墓を立つべき在所を談合す」とあり、盆の墓参のため二尊院を訪れた実隆は、院主の恵教房に自分の石塔を立てる場所について相談している。十一月二十一日条には、

早朝輿《こし》に乗り二尊院に向かう。この日逆修墓を立てしむ。その地去る七月点検す。地形など構う。予（実隆）の墓〈覧字塔、北〉孟光（実隆妻）墓〈宝篋印塔《ほうきょういんとう》、南〉、各東向きなり。この地

遠見無双壮麗、自愛々々。暫く徘徊し、先公（公保）の墓などを拝す。

とあり、実隆は二尊院墓地内の三条西家の代々の石塔がある墓域に、自分と正妻の石塔を逆修墓として立てている。

同時代の公家甘露寺親長も、夫婦の逆修墓を夫方の「家」の墓域に立てているので、逆修墓を立てることはこの時代特殊なことではなかった。実隆の石塔は覧字塔、妻の石塔は宝篋印塔としているので、ここからも夫と正妻はそれぞれ個人の石塔が立てられたことが、はっきりとわかる。実隆の正妻の場合は、夫方の代々の家長の石塔がある家の墓域に、夫婦の意思で入ることになる。

甘露寺家の場合

ここでは、『親長卿記』『元長卿記』を史料として見ていく。親長と正妻は、文明三年（一四七一）三月十四日から九月十五日まで、自分たちそれぞれの逆修供養を行っている。親長と正妻はほとんど一日ごとに七日分の斎《とき》を行い、一ヵ月後には一周忌・三周忌が催され、二ヵ月後には三十三回忌と、時間を大幅に短縮して、各年忌《ねんき》を営んでいる。そして延徳《えんとく》三年（一四九一）七月八日条には「浄蓮花《マヽ》院墓所に参る、女房同道、逆修墓あり」とあり、夫婦の逆修墓を甘露寺家の墓域がある浄蓮華院墓地に立てている。

親長が逆修墓について記している延徳三年は六十八歳で、死を迎える準備を考えていただろう時期であり、逆修供養の延長上に逆修墓を立てようとしたのだと考える。そして、親長は正妻とともに生前逆修墓を立てることにより、自分たちの意思で夫婦同墓地にしたのである。

親長の子元長の石塔は、廬山寺《ろざんじ》竹中坊にある。これは、元長が応仁《おうにん》・文明《ぶんめい》の乱で浄蓮華院の墓地が荒廃したのを嫌って、新たに廬山寺と契約したようである。元長は父親長の一周忌に親長の遺骨を廬山寺に分骨している。また、母（親長正妻）の五七日《いつなのか》の法要のときに、母の遺骨を親長の父房長の石塔がある誓願寺墓地に分骨している。このことにより、元長は三ヵ所の墓地にある墓域を一体化し、家の墓域と考えようとしていたといえる（図9参照）。

このように親長正妻は、夫婦の意思により、夫婦同墓地のかたちで夫方の代々の墓がある浄蓮華院墓地に入ることになる。すでにこの墓地には母の石塔もあるので、母と嫡子の妻は連続して同墓地に入ったことになる。祖父房長、父親長、子元長は別墓地であるが、家の後継者である元長は、分骨することで三ヵ所の墓地に分かれている墓域を、家の墓域と考えようとしている。

図9　夫婦別墓地から夫婦同墓地への変遷図

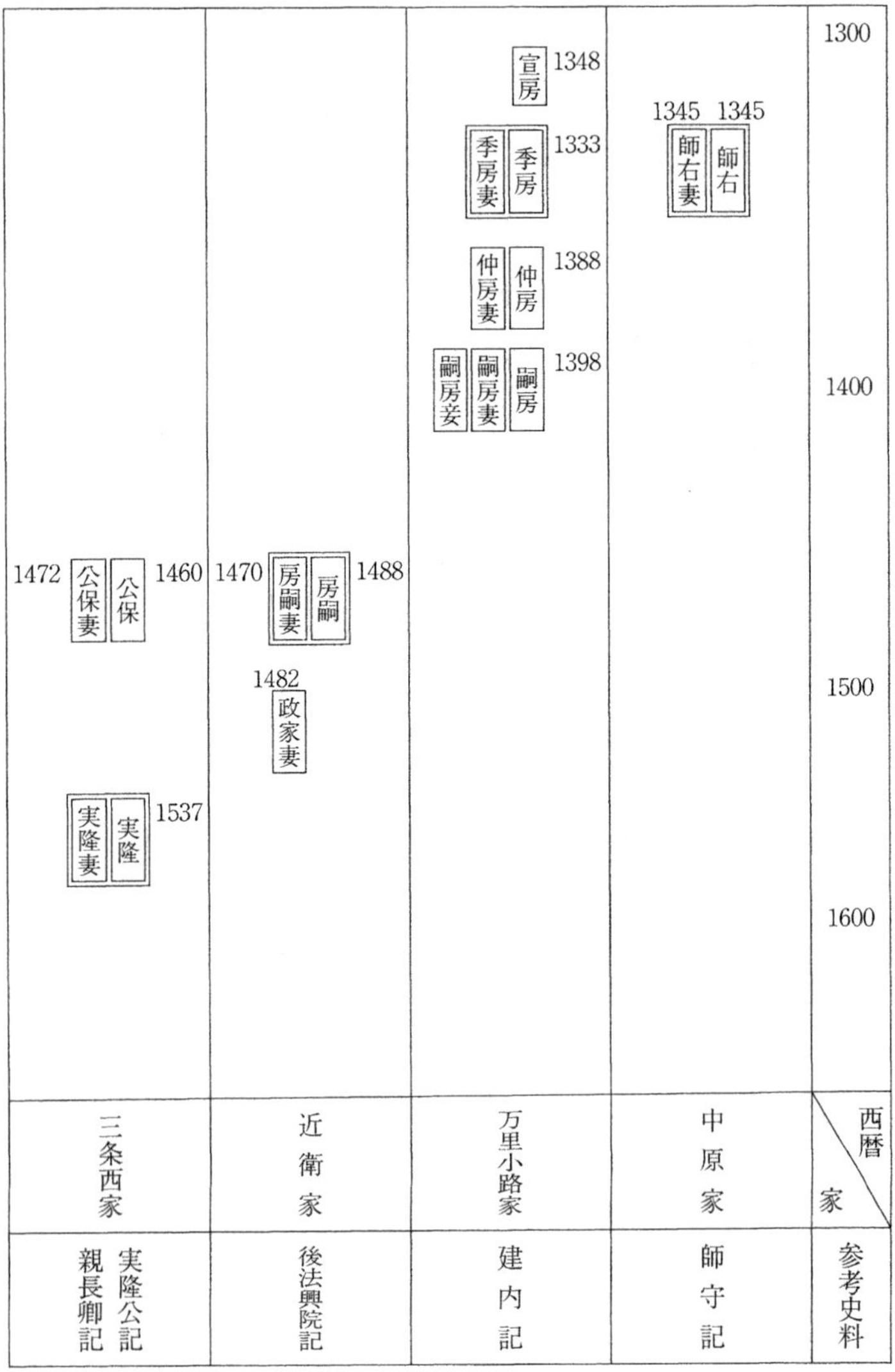

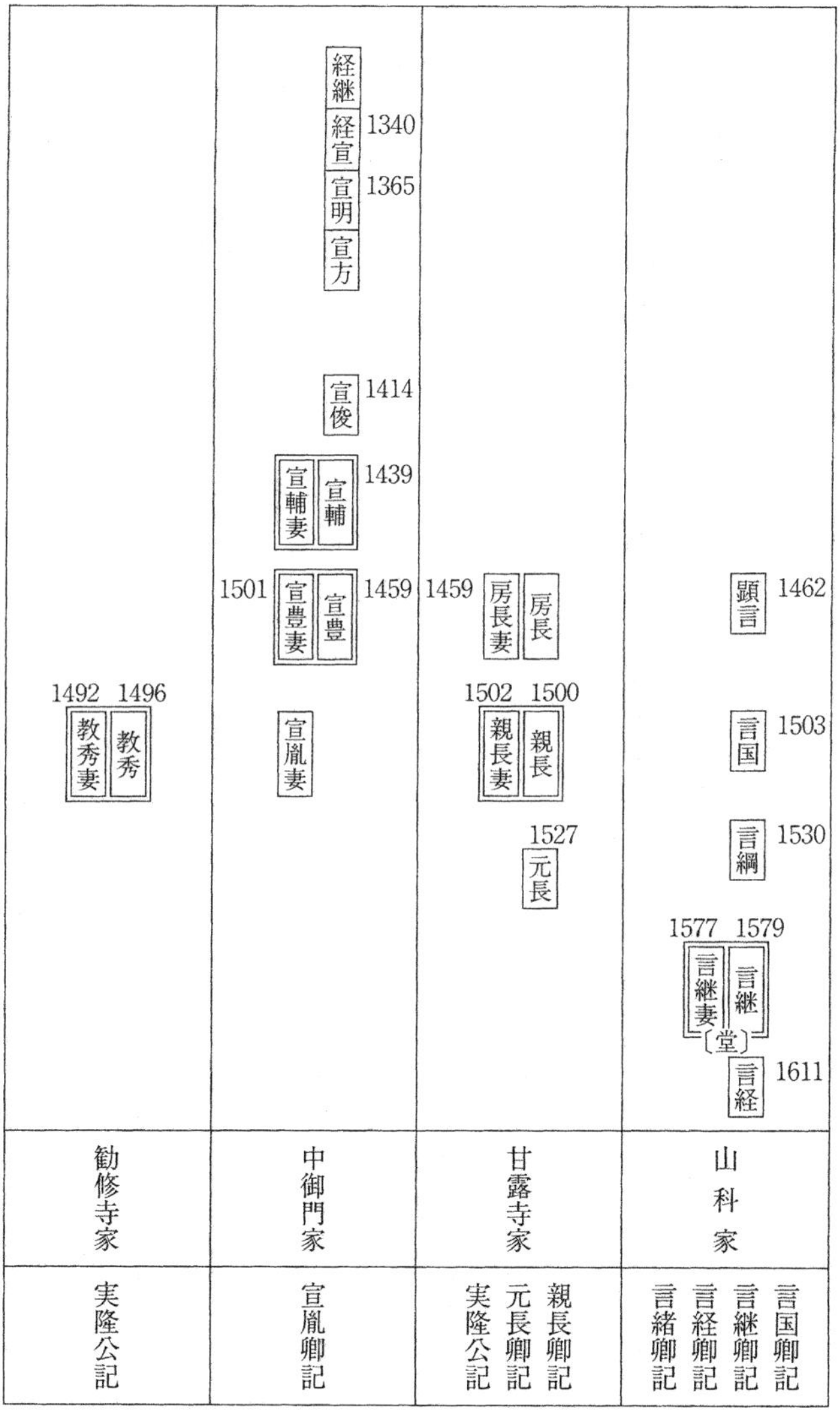

□個人の塔、□夫婦同墓地、数字は没年（日記、『公卿補任』による）

以上みてきたように、室町時代になると正妻は夫方の家の墓域に入っていくようになるが、まだ夫婦別墓地である。しかし、平安時代の夫婦別墓地は生氏により分けられるものであるが、室町時代に現れる夫婦別墓地は、夫方の家の墓域内での夫婦別墓地であり、家の後継者の実母である正妻が夫方の家の墓域に入っていくようになる。図9をみると、十五世紀半ばから十六世紀にかけてそれまで夫婦別墓地だった家が、夫婦同墓地へと変化していく。

夫婦別墓地から夫婦同墓地へ

では、誰の意思によって夫婦同墓地になっていくのだろうか。三条西実隆や甘露寺親長の場合にみられるように、夫婦の意思により、夫婦同墓地にするのである。また、近衛房嗣妻・政家妻のように、妻が夫に先立って死去した場合、夫が夫方の家の墓域に妻の個人の石塔を立て、後に夫が死去すると、後継者により同墓域に石塔が立てられ夫婦同墓地となる。

このように夫婦の意思・夫の意思・後継者の意思により夫婦同墓地が形成されてくるが、夫と同墓地になる妻は基本的には正妻であり、後継者の実母である。そして母・嫡子の妻が連続して同墓地になっていくのも戦国時代ころからである。

このような墓地のあり方は、摂関家と一般公家とのあいだに違いがあるのだろうか。

摂関家の近衛家の房嗣・政家の場合は正妻ではない。しかし戦国時代になると、正妻ではなくても「正妻格」であり後継者の実母が、夫の墓域に夫婦同墓地のかたちで入り、母と嫡子の妻が同墓地になっていく形態は、一般公家の流れと変わらない。

では、なぜ夫婦同墓地になっていくのだろうか。室町時代に家の墓域が形成され、戦国時代には家の墓地が形成されていく。婚家の一員と認識されるようになった正妻は、婚家の墓域・墓地に入っていくようになり、その結果、夫婦同墓地になっていく。

一方で、まだ夫の個人の信仰や寺院の都合で、一つの墓地に代々の家の墓域が形成されない場合もある。その場合でも、戦国時代になると、まず夫婦同墓地になっていく。そして父子が別墓地であっても家の墓域として管理は父から嫡子へ継承されていく。

近世の農民層では、家単位に区画された墓地に、夫婦単位あるいは個人単位に墓碑が建立されるのが一般的形態であり、代々の家長夫婦の墓碑が立ち並び、その周辺に子墓や成人後も独身のまま死去したものが配されていると指摘されている（大藤修『近世農民と家・村・国家』吉川弘文館、一九九六年）。

公家層の場合は、時代的には少し早く、戦国時代に代々の家長の個人の石塔がある家の墓地に、家長と正妻の個人の石塔が立てられるようになり、その後は代々の家長と正妻の石塔が同墓地に立てられていく方向に進んでいく。この形態がさらに一般的になるのは、京都の寺町地区が整備され、十七世紀半ば寺檀関係が固定化されてからであろう。

摂関家の妻たちのネットワーク

寄合と寺社参詣

日常の生活と寄合への参加――近衛尚通正妻の場合

摂関家正妻たちの日常

摂関家《せっかんけ》の正妻《せいさい》たちは、正妻としての役割以外では日ごろどのようなくらしをしていたのだろうか。戦国時代の五摂家《ごせっけ》の正妻たちは、婚家と実家にかかわりのある人びとを中心とした範囲内で交流している。摂関家の正妻同士の交流は、婚姻関係や本家・分家関係から生じる場合以外は、ほとんどみられない。今までみてきたように、戦国時代の摂関家の妻たちの交流は、婚姻関係から次のような三つに分かれている。

①　近衛家《このえけ》を中心としたグループ

②　三条西家《さんじようにしけ》を中心に結びついた九条家《くじようけ》・二条家《にじようけ》・鷹司家《たかつかさけ》

③　一条家《いちじょうけ》

では、この範囲内で妻たちは誰とどのような交流をもってくらしを楽しんでいたのだろうか。ここでは①のグループの近衛家をとりあげ、史料的にまとまってみることができる近衛《この》尚通《えひさみち》正妻の場合をみていこう。

三条西家の月待・日待

公家たちのあいだで応仁の乱後に行われるようになった行事に、月待《つきまち》・日《ひ》待《まち》がある。月待は、二十三日の夜から二十四日の朝にかけて月の出を待つ行事で、公家のあいだでは六月に行われることが多かった。日待は多くの場合、十月十五日の夜を徹して日の出を待つ行事である。この行事が公家たちの日記にみられるようになるのは、『実隆公記《さねたかこうき》』からであろうとされている（千々和到『板碑とその時代　てぢかな文化財・みぢかな中世』平凡社、一九八八年）。そこでまず三条西実隆の日記『実隆公記』にみえる三条西邸で行われた月待・日待の行事は、どのようなものであったのかをみていくことにする。

まず月待である。三条西実隆は、明応《めいおう》七年（一四九八）から明応八年にかけては、三条西家の本家である正親町三条《おおぎまちさんじょう》邸に出かけて行き、正親町三条実望《さねもち》が行う月待に参加している。そこでは念誦《ねんじゅ》・看経《かんきん》（経文を唱えたり読むこと）をしたり、宿願《しゅくがん》をし、また象戯《しょうぎ》

（将棋）に興じたりして月の出を待つ。雲間《くもま》に微光が差してくると、それを拝見し、共に盃を傾け、帰宅して就寝している。

永正《えいしょう》二年（一五〇五）以降になると、実隆は自邸で月待を行うようになる。共に月待を行っているのは、東庵（実隆の姉）・西室《にしむろ》（実隆の息子）といった実隆の家族と、冷泉政為《れいぜいまさため》父子・甘露寺伊長《かんろじこれなが》・菅和長など、親しい公家たちであった。行っていることは、念誦・看経・象戯などで、そのあいだに粥《かゆ》がふるまわれたり、酒を勧めたりしている。また、大永《だいえい》四年（一五二四）正月二十三日条には「今夜月を待つ。暁天《ぎょうてん》これを拝す。今日結願《けちがん》に至る。所願成就幸甚々々《しょがんじょうじゅこうじん》」とあるように、祈願として月待が行われる場合もあった。

次に日待である。永正八年（一五一一）十月十五日条に「今夜世俗の近風に習い、終夜睡《ねむ》らず日を待つなり」とあるので、日待は古来からのものではなく、近代のものであることがわかる。このころから実隆は自邸で日待を行うようである。そして「旭《あさひ》を拝す。所願成就」とあるので、日待でも、月待と同じように祈願をしていたことがわかる。その他には看経をしたり、参加者とともに粥を食している。共に日待を行っているのは、嫡子の公条《きんえだ》や親しい公家の甘露寺伊長などであった。

このように三条西邸では、実隆が永正二年ころから月待を、少しおくれて永正八年ころから日待を行っている。多くの場合、月待・日待は一人でするのではなく親しい人とともに待つものであり、待つあいだ念誦・看経・祈願などを行い、また象戯に興じることもあり、盃をかわしたり、粥を食するといった共食の部分もあったことがわかった。そして、月待・日待は家族や親しい人びとと共に待ち、その後、共食共飲をする行為であるが、これは中世によくある寄合《よりあい》と同じかたちをとっていることになる。

三条西家の場合は、妻たちが参加したかどうかは、はっきりしない。妻たちは参加するのだろうか。その点に注目して、近衛家の場合をみていこう。

近衛家の月待・日待

近衛政家《まさいえ》の日記『後法興院記《ごほうこういんき》』によると、政家は自邸で月待を行っている。「立願《りつがん》」をして、十種香や双六《すごろく》などをしながら、月の出を待つ。共に月を待ったのは、政家の娘である大祥院や、武者小路縁光《むしゃのこうじよりみつ》・飛鳥井雅俊《あすかいまさとし》などといった親しい公家であった。政家の妾《しょう》（正妻格）の兄である飛鳥井雅俊は参加しているが、妾自身は参加していないようである。

つぎに尚通の時代を、近衛尚通の日記『後法成寺関白記《ごほうじょうじかんぱくき》』からみていこう。尚通が自邸で行う月待は、永正三年（一五〇六）からみることができる。永正八年には「十三人月を待つ。今夜所願成就の喜びを申すなり」とあり、この時には十三人が集まって月の出を

表2　尚通時代、近衛家の寄合に参加した人びと

近衛家	徳大寺家	細川氏	親しい公家
尚通	実淳	高国	飛鳥井雅俊
尚通正妻	実淳妻	高国妻	武者小路縁光
稙家	公胤	高国母	久我通言
稙家正妻	公胤妻	高基	
尚通息子	実淳娘	高基妻	
聖護院	久我通言妻	尹賢	
慈照寺	仁木右馬助妻		
尚通娘			
継孝院			
宝鏡寺			
正受寺			
姫君（後、足利義晴室）			
尚通妹			
御霊殿			
大祥院			

待ち、ここでも祈願をしている。また大永六年（一五二六）には「月待なり。余・北政所《きたのまんどころ》・大覚寺《だいかくじ》・姫君相待つなり」とある。余は尚通、北政所は尚通正妻、大覚寺は尚通の息子、姫君は尚通の娘でのちの足利義《あしかがよし》晴《はる》室である。このように尚通は、妻と子どもたちと月の出を待ったのである。ここでは、尚通正妻が共に月待をしている。

つぎに、日待についてみてみよう。尚通の場合は、月待よりもむしろ日待の方が熱心であった。毎年十月十五日の夜には日待を行い、行事化している。日待を共に行った人びとを

グループに分けて表2にしておこう。ここに参加している人びとは、尚通と尚通正妻を中心にネットワークが作られており、つぎに述べる風呂にもほぼ同じメンバーが集まっている。

ここで注目したいのは、尚通と親しい公家や武家の他に、尚通正妻・稙家《たねいえ》正妻、尚通正妻の実家徳大寺家《とくだいじけ》の母や妹たち、細川氏の母や妻といった女性が参加していることである。三条西家や政家の時代にはみられなかった妻たちの参加である。尚通正妻も参加し、嫡子稙家が結婚すると正妻も参加している。近衛家の正妻が参加するようになると、正妻の実家の母や妹たち、さらに実家の母と縁のある細川氏の母や妻たちが参加するようになる。また、寺院に入り僧や尼僧になった尚通の子女や妹たちが参加している。

ここで行われていることは、音曲を奏したり、文字書をしている場合もあるが、「一盞《いっさん》を勧める」ことが多い。これは日待の行事に人びとが寄り合い、共飲することにより、さらに親密な関係を作りあげていこうとしたのである。日待の行事を行うことで、尚通と正妻は、正妻の母や細川氏の妻たちと密接な関係を作ろうとする。また、この機会に寺院に入った尚通の子どもたちや妹が集まることになる。

このように近衛尚通邸では、家長が行う月待や日待は家の行事になっており、正妻も参加し、家長と正妻は、正妻の実家の人びとや細川氏の人びととのあいだに親密な関係を作りあげていくものであった。

その一方で、「北政所日待なり」と正妻が日待を行うこともあり、また「姫君日待なり」と尚通の娘でのちの足利義晴室も日待を行っている。これは、家長が行う日待とは別のものである。家長が行う日待は十月十五日に行うものであるが、正妻の場合は正月十五日や五月十五日に行っており、娘の場合も十一月十五日に行っている。これらは、個人的な祈願をもとに個別に行う日待である。共に日待を行う人びとも妻の場合には記されていない。尚通の娘の場合も、姉妹の宝鏡寺が来ただけのようである。この場合は誰かとするのではなく、自分自身のためにそっとするものなのであろう。

月待・日待は、中世に盛んに行われる寄合の一つと考えられる。親しい人びとが集まり、さらに親密さを深めていく。自邸で行う月待・日待の寄合には、妻たちも参加できたのである。妻が参加することによって、実家の妻たち、寺院に入っている子どもたちも参加するようになる。

風呂と遊興

室町時代になると、風呂の発達がめだってくる。当時の風呂とはどのようなものだったのであろうか。十六世紀前半に制作されたといわれる「洛《らく》

図10　浴場「一条風呂」（「洛中洛外図屛風」，国立歴史民俗博物館蔵）

中《ちゅう》洛《らく》外《がい》図《ず》屏風《びょうぶ》」（歴博甲本）には風呂屋が描かれている。これは町風呂といわれるものであるが、家の中には三人の男性がおり、家の裏には井戸があり、女性がはね釣瓶《つるべ》で水を汲んでいる。いま、供を伴って被衣《かずき》を被った女性が門を入ろうとしている。風呂は男のためだけのものではなく、絵には見えないが、女風呂も用意されていたと考えられている（水藤真『洛中洛外図屏風を読む』歴史民俗博物館振興会、一九九九年）。

現在、京都の東福寺《とうふくじ》の境内に浴室とされる独立した建物がある。これは室町時代の長禄《ちょうろく》三年（一四五九）に建てられた浴室で、現存最古の浴室とされている。内部を見ることはできないが、寺院の説明書によれば、「所謂《いわゆる》『サウナ風呂』で、構造は東側に破風《はふ》の二つの蒸し風呂が並び、各々板戸《いたど》を立てている。後方に釜や焚《た》き口があり、蒸気を簀《す》の子を通して下から送る」とある。これが当時の風呂だったのであろう。

風呂の記録・風呂の歴史は仏教寺院と深くかかわり、僧侶の潔斎《けつさい》や参詣者への功徳のため、浴室・大湯屋《おおゆや》が設けられ、室町時代には、大寺院の上級僧侶の入浴は、文芸や芸能とともに行われ、遊興の一つともなっていた。こうした遊興的な風呂、娯楽としての入浴が、公家たちのあいだにも広がっていったが、公家社会においては、邸宅内に風呂を持っている家は限られていた。そのような中で、近衛家では政家が延徳《えんとく》元年（一四八九）風呂を新造している。

近衛家の風呂

『後法興院記』によると、政家が家長の時代には風呂を焚くと、人びとを招き、風呂のあと鞠《まり》に興じたり、楊弓《ようきゆう》に興じたりして、その後、酒宴を開いている。政家が家長の時代に招いた人びとは、鷹司政平《たかつかさまさひら》・冷泉為富《れいぜいためとみ》と為広《ためひろ》・松木宗綱・武者小路縁光・中山宣親など、政家と親しい公家たちであった。その他に政家の妾《しよう》の父飛鳥井雅親《まさちか》や兄雅俊もそのグループに加わっていた。

ところが、尚通が家長になると、招く顔ぶれが変化してくる。その様子を『後法成寺関白記』からみていこう。この顔ぶれは、尚通の邸宅で行った日待・月待の行事に参加した人びととほぼ一致している（表2、一六〇頁参照）。政家妾の実家である飛鳥井家の男性たちは、尚通が家長の時代にも参加しているが、多くは尚通正妻の実家である徳大寺家と結びつきのある人びとである。これは、やはり尚通の妻が正妻であるということが大きい。妻との婚姻は家と家との結びつきであるため、それぞれの家の夫だけでなく、それぞれの妻も参加するようになる。

尚通は明応六年（一四九七）に徳大寺実淳《さねあつ》の娘と婚姻するが、十年後の永正四年（一五〇七）から、尚通正妻の母である徳大寺実淳妻が、たびたび風呂に入りにくるようになる。母は、ある時には娘や嫡子公胤《きんたね》の妻を誘って入りにくる。永正七年（一五一〇）ころになると、徳大寺家を通して縁戚となった細川氏の人びと――細川高国《ほそかわたかくに》・尹賢《ただかた》・高基たちや高国母・高国妻・高基妻といった妻たち――も入りにくるようになる。そして風呂の後、尚通たちと酒宴を開いている。ある日の風呂の後の様子をみると、

風呂あり。典厩焼く。京兆（細川高国）入る。民部大輔（細川高基）、各対面せしむ。一盞を勧む。京兆種々雑談せしむ。一献以後、宝鏡寺・正受寺・継孝院・久我女中（通言妻）・父子（久我通言・邦通）見参せらる。徳大寺女中（実淳妻）・北政所（尚通妻）・亜相（稙家）等従前請伴《じゅうぜんしょうばん》。（永正十七年閏六月九日条）

この日の風呂は、近衛家の風呂を借りて、細川尹賢が焚いているものである。近衛家の風

呂は、徳大寺実淳妻や細川高国母なども借りて焚き、自分たちの家族と入る場合もある。細川尹賢が焚いたこの日には、細川高国・細川高基など細川氏の人びとが入り、風呂の後に細川氏の人びとは尚通と対面し、盃をかわし雑談している。この席に徳大寺実淳妻・尚通妻・稙家などが請伴している。

この時代、公家社会でも風呂はまだ日常的なものではなく、風呂を設けるのも近衛家など限られたものであった。そのため互いに誘い合って風呂に入り、その後、酒宴が開かれる。風呂も、日待・月待と同じように寄合の文化であり、集まることにより、人と人の結びつきを強化していったのである。

近衛家の風呂には、政家の時代には、政家と親しい公家たちが来て風呂に入り、その後、遊びに興じ、酒宴を催している。この場合の風呂は、親しい友人が一ヵ所に集まって風呂に入り、遊興や共飲を楽しんでいるもので、親しい公家たちがさらに親密度を深めていったと思われる。

尚通の時代になると、妻たちが参加してくるようになる。これは近衛家に正妻がおかれるようになったことが関係している。妻の実家の母が中心となって、徳大寺家と細川氏の夫や妻が入りにくるようになる。そして風呂のあと、尚通と酒宴を催し、尚通正妻も同席する。尚通の時代には、尚通と正妻は、徳大寺家・細川氏の人びとと、風呂のあと共飲をすることで、さらに親しい関係を作りあげていくのである。結婚は、家と家を結びつけていくため、近衛家と徳大寺家と細川氏は夫だけではなく、妻たちも結びついていくことになる。

寄合の文化とネットワーク

尚通の時代の日待・月待と風呂は、中世の寄合の文化の一つだといえる。寄合の文化についていては、女性がかかわることが出来ないものと、女性がかかわることが出来るものとがある。女性がかかわることが出来ないものは、家を代表する者たちによって構成され、家相互の共同性が培われたり、序列制が確認されたりした場である。

一方、かかわりえたのは、家の内部の場か、あるいは家の問題とは直接かかわらない場である（榎原雅治「寄合の文化」歴史学研究会・日本史研究会編『日本史講座』第4巻、東京大学出版会、二〇〇四年）。

三条西家で家長が主催した連歌会《れんがえ》は前者にあたる。同家格の公家たちが中心になって参加している。その場合、連歌会そのものに女性はかかわることはできないが、酒宴の取り仕切りは家妻がしている（九五頁参照）。近衛家の日待・月待や風呂の場合は、後者の女性がかかわることができた寄合ということになる。この場合には、夫だけではなく妻を含めたネットワークが出来あがり、これが近衛家にとって情報伝達・家業維持に役立っていくことになる。

ネットワークによる情報伝達

妻を含めたネットワークが作られると、実際の情報伝達にどのように役立っていったのだろうか。その例をみていこう。

戦国時代、武家の妻たちは、夫たちとは違う情報入手のルートを確保し、夫が得た情報と、妻が得た情報と、その両方を総合的に判断して身の処し方を決めていた可能性がある。他家に嫁いでいった娘同士、婚家の兄嫁など、同僚の妻同士、隣近所の妻同士といった妻たちのネットワークから情報伝達が行われたといわれている（小和田哲男『賢妻・千代の理由』日本放送出版協会、二〇〇五年）。

公家たちにとっても、情報は必要であった。近衛尚通もいろいろな人から情報を集め、戦国時代を生き抜こうとしている。その中でも武家の動向は気になり、その時々いろいろな人から情報を集めようとしている。

徳大寺実淳妻は、近衛尚通正妻の母であり、武家の細川教春の娘である。さらに室町幕府の管領《かんれい》であった細川高国は、実淳妻の甥にあたる。尚通は明応六年（一四九七）、徳大寺実淳の娘と婚姻することにより、徳大寺家とくに実淳妻を介して細川高国と親しく結びついていく。その結果、徳大寺実淳妻から細川高国の動向の情報が、早く尚通に届くことになる。実淳妻から尚通に伝達された情報の例を、尚通の日記『後法成寺関白記』の記事からみてみよう。

永正《えいしょう》十年（一五一三）二月、将軍である足利義稙《よしたね》は、足利義晴と和睦し、自らの支配体制を固めようとした。しかし細川高国、大内義興《おおうちよしおき》らの大名は、義稙の命令を守らないことがあり、抗議の意思を示すため、義稙は京都を出奔している。朝廷では、伊勢氏《いせし》や大名に命令を伝えて、幕府の支配体制の正常化に努めている。尚通も、家司《けいし》北小路俊永を畠山順光のもとに遣わして、情報収集を積極的に行っている。

義稙は四月十四日の夕方より発病し、十五日には言葉が通じないほどだったという。尚通は義稙が病気になったことを聞くと、見舞いを遣わしている。義稙の病気見舞いの交流をしていた状況より、朝廷や公家衆は、義稙が近江《おうみ》（滋賀県）に下向《げこう》しても、なお将軍として正当な存在と見なしていたことがうかがわれる（水野智之『室町時代公武関係の研究』吉川弘文館、二〇〇五年）。二十六日には、近衛家に義稙の妹光照院から義稙が回復したことが伝えられた。そして五月三日、義稙は諸大名を従えて上洛する。その様子を尚通は次のように日記に記している。

> 大樹(義稙)御帰洛なり。供奉《ぐぶ》衆細川右馬頭(尹賢)・畠山次郎(義総)・同式部少輔(畠山順光)・大舘刑部大輔(政信)・一色兵部大輔(尹泰)・伊勢守(伊勢貞陸)以下十二、三騎、奉公衆御輿《ほうこうしゅうおんこし》前二行七八十人と云々。板輿《いたごし》なり。甲賀《こうが》奉公衆・種村刑部少輔(視久)父子以下御先ニ馬上なり。畠山修理大夫ヌリ輿、騎馬四五騎なり。ついで大樹、御後に細川安房入道(政春)塗輿、騎馬四、五騎なり。その後に和泉守(細川高国)護弥九郎、ついで畠山尾州馬上、後騎十一、二騎なり。ついで大内左京兆ヌリ輿、後騎十一二騎なり。ついで細川右京兆(高国)ヌリ輿、後騎十二三騎なり。人数三万余人ばかり歟《か》。見物衆竹葦《ちくい》のごとしと云々《うんぬん》。

尚通はこのように行列の様子をくわしく記しているが、「云々」とあるので、人から聞いたことを記したことになる。次の日に徳大寺実淳妻が近衛邸に来て、尚通に昨日の様子をいろいろ話している。

行列のなかに、実淳妻の実家細川氏の人びとである細川政春（細川安房入道）・細川高国（細川右京兆）・細川高基（和泉守護弥九郎）・細川尹賢（細川右馬頭）などがお供をしていたので、自分も見物し、その後、話も聞いたのであろう。「見物衆竹葦のごとし」とは沢山の見物衆がいたということである。夜になると、迎えにいった公家の飛鳥井雅綱も来て、様子を話している。その後、尚通は供奉の衆に使者を遣わし「上洛珍重の由」と伝えている。このように実淳妻からの話も情報の一つになり、判断材料の参考になっていく。

　また、永正十年（一五一三）十一月九日、実淳妻は近衛邸を訪れ、尚通に「御即位の事」について話している。翌日になると、細川高国が即位大礼について天皇に申し入れている。これは後《ご》柏原《かしわばら》天皇《てんのう》の即位礼《そくいのれい》に関することであるが、細川高国が天皇に申し入れることを、尚通は前日に知ることができたことになる。後柏原天皇の即位礼は非常に遅れており、践祚《せんそ》後二十年以上経った永正十八年、将軍義稙が即位料一万疋を献上して行われている。この間、実質的準備にかかわってきた細川高国の情報は、公家社会にとって必要だったのである。尚通はその一端を、実淳妻から得ていたのである。

　尚通正妻も、このネットワークを活用して、夫の意思を伝え、夫に情報を伝達していく。細川高国・澄元《すみもと》の細川両家が将軍擁立・管領職争奪戦として争うなか、高国に逐われた澄元は近江（滋賀県）から阿波《あわ》（徳島県）へ落ちていたが、永正十六年再挙し、摂津《せっつ》兵庫（神戸市）に上陸した後、高国に挑む。十二月、高国は出陣して、澄元と対陣する。十二月三日、尚通正妻（北政所）は高国に従って出陣している細川尹賢の留守宅に「留守見舞い」として酒肴を送っている。十一日、尚通は高国と尹賢に戦勝祈念の巻数などを送っている。翌永正十七年正月二十四日、尚通は高国・尹賢の陣に使者を遣わし、酒や食物を贈る。その時、尚通正妻（北政所）は同じ陣に従っている細川高基に消息《しょうそく》を出す。高基からは「何様《なにさま》近日本意《ほんい》を達し上洛すべし」との返事が使者を通じてもたらされた。尚通正妻の消息は戦場見舞いで、勝って上洛されるようにというものであったと思われるが、これは前に述べた（一一三頁参照）九条家・二条家・鷹司家の北政所の消息と同じように、夫の意思を伝える消息だったと思われる。細川氏は親しい親族であるから、正妻は消息を出すことが出来たのである。そして、その消息の返事によって、高国は近日上洛するという情報が尚通に伝えられていくことになる。

こうして、婚姻関係から結ばれた妻たちを含んだネットワークは、寄合などによって親密さを増し、日々の交流だけではなく、家業の維持にも役立っていくことになる。

花見と寺社参詣

近衛邸の糸桜

室町・戦国時代、公家も武家も毎年春になると、種々の花見が催された。歴博甲本や上杉本の「洛中洛外図屛風《らくちゅうらくがいずびょうぶ》」にも京の春が描かれ、紅白梅の花が咲ききそう公武の邸宅や寺社の庭先、鞍馬《くらま》の桜が咲き誇っている姿も描かれている。

この絵図には近衛《このえ》邸が描かれている。この屛風が製作されたのが、歴博甲本が十六世紀前半、上杉本が一五六〇年代といわれているので、屛風に描かれている近衛家は尚通《ひさみち》・稙《たね》家《いえ》時代の近衛邸と考えられる。そこには糸桜の大木が花をつけて描かれている。当時、近衛邸といえば糸桜の美しさで知られ「桜御所」とも呼ばれていた。

現在、京都御苑《ぎょえん》の北の今出川御門《いまでがわごもん》側にある近衛邸跡とされるところに、糸桜が数本ある。

図11　近　衛　邸（「洛中洛外図屛風」，国立歴史民俗博物館蔵）

図12　近衛邸跡糸桜

私は以前、ちょうど四月の桜の満開の時に行くことができたが、それは枝垂《しだ》れ桜で、流れ落ちるような花を枝に付けて、繊細な美しさのなかに豪奢な風情を湛《たた》えた桜であった。

正妻の花見

戦国時代の近衛邸では、この糸桜をみる花見会が毎年二月末か三月初旬に開かれていた。近衛政家《まさいえ》の日記『後法興院記《ごほうこういんき》』には、「前庭桜盛りなり」とか、「前庭糸桜去十五六日盛んなり」と屏風の絵を彷彿《ほうふつ》とさせるような様子が記されている。他には四月には藤見、十月には菊見が行われ、人を招き、酒宴を開いている。

尚通の時代になると、尚通正妻《せいさい》の花見の様子が見られるようになる。近衛尚通の日記『後法成寺関白記《ごほうじょうじかんぱくき》』からその様子を見てみよう。尚通時代に自邸の花見に招いている人びとは、飛鳥井雅俊《あすかいまさとし》・雅綱《まさつな》、入寺している尚通の妹や娘たち、大上（政家妾《しょう》）、稙家たちで、ここに尚通と尚通正妻も参加して楽しんでいる。

尚通正妻は、自邸ばかりではなく、外にも花見に出かけている。二月には、実家の徳大《とくだい》寺家《じけ》の花見に出かけ、三月には母である徳大寺実淳《さねあつ》妻たちと、内裏《だいり》や細川邸の花を見に行っている。また、四月に尚通が賀茂山《かもやま》の躑躅《つつじ》を見に行くときには、稙家・政家の弟（景陽軒）・尚通の息（慈照寺）などと共に尚通正妻も同道している。

戦国の世ではあるが、人びとは季節ごとに花見を行っていた。尚通正妻も自邸をはじめ外へも花見に出かけた。夫や子どもたち、実家の母と共に楽しんでいる姿を見ることができる。

正妻の寺社参詣

当時の人びとは、男女とも京の由緒《ゆいしょ》ある社寺に参詣《さんけい》に出かけている。「参詣曼荼羅《さんけいまんだら》」が、寺院・神社への参詣誘致のため宗教的な案内絵図《えず》として作成されるのも、十六世紀から十七世紀にかけてである。応仁《おうにん》の乱《らん》後の京を描いたとされる「洛中洛外図屏風」（上杉本）には、女性の外出姿や女性たちだけで物見遊山《ゆさん》に出かける姿が描かれている。

尚通正妻・稙家正妻はどこへ、誰と出かけているのだろうか。また、妻は人生の中でどのような時期に参詣に出かけることができるのだろうか。近世の豪農《ごうのう》の妻は「主婦権《しゅふけん》」を嫁に譲り渡してしまうと、あまり制約を受けずに行動できるともいわれているが（長島淳子『幕藩制社会のジェンダー構造』校倉書房、二〇〇六年）、戦国時代の近衛家の場合はどうだったのだろうか。『後法成寺関白記』からその様子をみてみよう。

洛中洛外の寺社参詣

尚通正妻・稙家正妻がとくによく参詣に出かけたのは、鞍馬寺と清水寺《きよみずでら》である。その他には北野神社《きたのじんじゃ》・石清水八幡宮《いわしみずはちまんぐう》・吉田神社《よしだじんじゃ》などで、尚通正妻は、夫や子どもたちと出かけたり、夫と別々の場合もある。稙家が結婚すると、

図13　清　水　寺（「洛中洛外図屏風」，国立歴史民俗博物館蔵）

稙家正妻も夫や、夫の父や母とともに参詣している。鞍馬寺は鎌倉時代以来、毘沙門天《びしゃもんてん》信仰で知られていて、寅《とら》の日は参詣日とされ、ことに新年はじめての寅の日である初寅の鞍馬詣は、大変な賑わいであった。尚通正妻も稙家正妻も、初寅《はつとら》の日や他の寅の日によく参詣していた。

清水寺は観音信仰《かんのんしんこう》の聖地とされ、「清水寺参詣曼《きよみずでらさんけいまん》荼羅《だら》」も作成され、そこには女性の参詣者も多く描かれている。尚通正妻は参籠《さんろう》することもあった。尚通正妻は夫と同道したり、ある時は寺院に入っている娘たちと出かけたり、また稙家正妻と出かけることもあった。稙家正妻も夫と同道したり、寺院に入っている夫の兄弟たちと行く場合もあった。

このように、尚通正妻も稙家正妻も、結婚してしばらくすると、洛中洛外の寺社に参詣している。それぞれ一人（供のものはいるが）の場合もあるが、夫婦で参詣したり、嫁姑が連れ立って参詣している場合も見られる。また、その他に同道することがあるのは、子供であったり、夫の兄弟で、正妻たちにとっては婚家の人びとということになる。

春日社参詣

春日社《かすがしや》は藤原氏《ふじわらうじ》の氏神《うじがみ》である。春日社参詣は南都《なんと》（奈良）に下向《げこう》するため、日にちがかかる。尚通正妻は春日社に二度参詣している。

一度目は、永正五年（一五〇八）十月で尚通正妻は二十八歳、結婚後十一年目であった。正妻は実家の母（徳大寺実淳妻）と出かけ、六日間留守をしている。正妻が泊りがけで留守をすると、「留守の事を為《な》す」と親しい人びとが留守見舞いに来たり、物を送ったりする習慣があった。この場合にも、尚通のところへ「留守見舞い」が行われている。

一日目には、尚通の妹（御霊殿）と尚通の家の家司《けいし》の妻が来て、田楽《でんがく》を興行している。田楽とは豆腐を串に刺し、味噌をつけて焼くものであるが、室町・戦国時代の住居には炉があり、毎年十月になると、炉を開き、炉辺で人びとが集まり、談笑しているが、その時よく田楽が興行されている。この場合も十月である。炉辺で田楽を興行して尚通をねぎらったのである。二日目には大上（政家の妾）や家司たちが来て、粥《かゆ》や田楽を興行している。三日目にも家司が来て、田楽などを進上している。

もう一度は、天文《てんぶん》五年（一五三六）十二月で、尚通正妻は五十六歳である。十二月十五日条に、

北政所南都に下向す。勅使《ちょくし》同道せらる。アカ・小少将・新宰相御共なり。慈照《じしょうじ》寺人夫三人・馬一疋・嵯峨《さが》馬一疋・仁木馬一疋進めらる。多久人夫両人進上す。

とある。『公卿補任《くぎょうぶにん》』の天文五年十二月十六日条に、興福寺維摩会《こうふくじゆいまえ》が行われている記事があるところから、尚通正妻（北政所《きたのまんどころ》）が勅使と南都へ下向したのは、維摩会のためであったようである（湯川敏治『戦国期公家社会と荘園経済』）。この時、近衛家では、尚通は出家しているが、まだ家長である。稙家はこの年の十一月一日に関白に再任され、十二月十七日には、関白職就任の挨拶のため参内《さんだい》している。

このような状況のなかで、尚通正妻は北政所として、夫尚通の代理として南都に下向したと思われる。この時は十日間留守をしている。この場合は公式の下向なので、親族は同行していない。尚通正妻は、南都にいるあいだに尚通に宛てて二通の書状を送り、維摩会の状況を報告している。「留守見舞い」としては、将軍御台所《みだいどころ》になった尚通娘から、御粥が贈られている。

伊勢神宮参詣

中世の伊勢信仰《いせしんこう》にとって、室町時代初期が大きな飛躍の年であった。それは参宮《さんぐう》面で二つの現象があった。一つは南北朝合一《なんぼくちょうごういつ》の翌年明徳《めいとく》四年（一三九三）九月、足利義満《あしかがよしみつ》が参宮を挙行したことをきっかけに、それまで前例のなかった有力者、高位者の参宮が開始されたこと、もう一つは、より広範な階層による参宮を主要目的とした伊勢講《いせこう》の存在が、この時期、史料的にも明らかになってくることである。

こうした参宮の盛況は、伊勢の神が皇祖神《こうそしん》・国主神《くにぬしのかみ》といった抽象的観念から、より現世利益的、呪術的な面もひきうけざるをえなくなり、その変質過程で、伊勢の神が病に対する霊験《れいげん》ある神として認識されるようになったからである（瀬田勝哉『洛中洛外の群像』平凡社、一九九四年）。また、十六世紀半ばころには「伊勢参詣曼荼羅」が製作されているが、そこには女性の参詣者も描かれている。

尚通正妻は、二度、伊勢神宮に参詣している。一度目は永正十三年（一五一六）で、尚通正妻は三十六歳の時で、九日間留守をしている。実家の母（徳大寺実淳妻）と、尚通正妻の妹（久我通言妻《こがみちのぶ》）と共にいくことになっていたが、母は孫の病気がまだ治らないので、行くことができなくなり、妹と出かけることになる。供奉は近衛家の家司たちである。家の家司の役割の一つに、主人の旅行の供があるが、正妻の旅行の供も家司の役割であったことがわかる。

この場合も、正妻が留守のあいだ「留守の事を為す」と留守見舞いに尚通の邸宅に人びとがやってくる。正妻が出立して四日目には近衛家の家司たちがきて、一盞《いっさん》を興行し、「頗《すこぶ》る大飲に及ぶ」と記している。七日目には正妻の母が「三種一荷」を持ってやってきて、尚通と盃をかわしている。九日目には尚通の娘（宝鏡寺）から「三種二荷」が送られてくる。

二度目の伊勢参詣は、翌年の永正十四年（一五一七）で、尚通正妻が三十七歳の時であり、十一日間留守をしている。同行したのは実家の母（徳大寺実淳妻）とその孫・妻の妹（久我通言妻）などである。前年に尚通正妻が伊勢神宮参詣した時には、実家の母は孫の病気のために同道できなかった。今回その孫が同行している。病気回復後の参詣である。ここからも、当時の「伊勢の神」は病の治癒《ちゆ》に効力がある神と考えられていたことがうかがえる。なお、将軍義持《よしもち》御台所（日野栄子）も夫の病気回復後代参として伊勢神宮に参詣しているが、これが室町殿夫人の初例だといわれている（瀬田勝哉『洛中洛外の群像』）。

「留守の見舞い」は、一日目には妻の妹（仁木高長《にっきたかなが》妻）から「三種二荷」が、尚通の息子（聖護院《しょうごいん》）から「両種一荷」が送られている。二日目には武家の細川尹賢《ほそかわただかた》から「三合三荷」が送られている。五日目には尚通の息子（慈照寺）・尚通の妹たち（奥御所・大祥院）・公家の飛鳥井雅俊などが来て、盃をくみかわしている。六日目には近衛家の家司たちが来て、銚子事の沙汰《さた》をしている。七日目には大上（亡父政家妾《しょう》）・尚通の妹たち（御霊殿・大祥院）・家司の妻たちが来て、朝食の沙汰をしている。昼すぎには尚通の娘（継孝院）や飛鳥井雅俊が来て「大飲」に及んでいる。

このように正妻が長期に留守をした時には、尚通と親しい公家や武家、尚通の亡父の後室・尚通の男女の子ども・妻の母や妹たち・近衛家の家司やその妻たちといった人びとが、「留守見舞い」をしている。

家妻の役割と外出

尚通正妻が長期に留守をした時期は、まだ尚通正妻が家妻《いえづま》として家《か》業《ぎょう》・家政《かせい》にかかわる役割を果たしている時期である。尚通正妻は、家妻の役割を果たしながら、同時にかなり自由に外出できたことになる。これは、正妻が家業の運営に協力していたと、夫が評価していたということであろう。

また、春日社参詣の中には、夫の代理という家妻の役割からの外出もあり、伊勢神宮参詣は、妻として家族の健康を祈願するという目的もあり、これも家妻としての役割の一つともいえる。そのために家妻の時期に外出できたのであろう。妻の長期の旅には、公式の時以外は実家の母が同行し、婚家からは供のものが付いていく。そして「留守見舞い」は夫と親しい公家や武家、婚家や実家の家族が行い、留守を支えてくれている。これは普段の交流による絆がこのような時に生きてくるといえるだろう。家司やその妻も、「留守見舞い」をしたり、正妻の旅の供をする役割を持っていた。

十六世紀半ばに来日した、宣教師《せんきょうし》ルイス・フロイスは、戦国時代の日本女性とヨーロッパ女性を比較して『日欧文化比較』としてまとめている。そのなかに、

ヨーロッパでは妻は夫の許可が無くては、家から外に出ない。日本の女性は夫に知らせず、好きな所に行く自由をもっている。

とある。近衛家の正妻の例でみると、確かに好きな所へ行く自由はもっていたと思われる。しかし「夫に知らせず」というわけではない。夫に知らせているから、家の家司が供をし、下人《げにん》に迎えに来てもらえるのである。さらに親しい人びとに知らせているから、出立するとすぐ「留守見舞い」の人びとが、夫を慰めに集まるのである。夫の許可があり、理解があったからこそ、まだ家妻の時期に妻は参詣のために長期外出ができたのである。

摂関家の正妻たち――エピローグ

戦国時代の摂関家の正妻《せいさい》について見てきた。まず、明らかにできた点をまとめ、さらに江戸時代にどのように変化していくのか、その展望を述べておこう。

戦国時代の摂関家の家と正妻

正妻は、平安時代に成立する。平安時代の正妻は、婿取儀式《むことりぎしき》を挙げ、夫と同居することが要件であった。婚姻儀式は、鎌倉時代には嫁取儀式《よめとりぎしき》に変容してくる。また、婚姻形態も一夫多妻制《いっぷたさいせい》から一夫一妻制《いっぷいっさいせい》へと変化してくる。そのため鎌倉時代以降になると、嫁取儀式を挙げることが正妻の要件になってくるが、摂関家《せっかんけ》の場合、南北朝時代から室町時代にかけては正妻は置かれず、家女房《いえのにょうぼう》を妻としている場合が多かった。多くの摂関家の家で、嫁取儀式を挙げた正妻が再び置かれるようになるのは、戦国時代である。

戦国時代の後土御門《ごつちみかど》・後柏原《ごかしわばら》・後奈良《ごなら》・正親町《おおぎまち》の歴代の天皇は、いずれも成人の天皇であったから摂政《せっしょう》は存在せず、この時代の摂関は、いずれも関白《かんぱく》であった。摂関家の正妻は、夫が関白になり、申請し治定《じじょう》されると北政所《きたのまんどころ》を称するようになる。さらに、嫡《ちゃく》子《し》が関白になり、嫡子の正妻が北政所を称するようになると、父の正妻である北政所は、大政所《おおまんどころ》と称するようになる。

戦国時代になり、家業後継者である嫡子が一定の年齢・官職《かんしょく》に就くようになると、父の屋敷内に独立した住居を建て、父から独立し、その後、嫡子の住居に正妻を迎える。ここに父夫婦と嫡子夫婦が同一屋敷に同居となる。この同居は、家業維持・継承と関係がある。家業は父から嫡子に継承されるようになるが、そのために父は嫡子を教育していく必要がある。一方、妻にも家妻《いえづま》として家業を支えていく重要な役割があり、この役割も父の正妻から嫡子の正妻へ継承されていくため、教育する必要がある。このように、家業をスムースに維持し継承していくために、父夫婦と嫡子夫婦の同居が必要になってきたのである。

戦国時代の摂関家と一般公家の正妻たちの役割は、家政《かせい》にかかわるものと家業《かぎょう》にかかわるものとに分けることができる。家政にかかわる役割は、摂関家・一般公家共通の役割であり、正妻が置かれず家女房が「正妻格」の場合にも果たすことができた。

一方、家業にかかわる役割は、摂関家と一般公家とは異なり、一般公家も家の家業によりかかわり方が違ってくる。また、この役割は正妻しかかかわることができないため、家業が世襲化され、家業を家が運営していくようになると、正妻が必要になり、再び正妻が置かれるようになる。

家政にかかわる役割は、家の使用人への給分の分配・食料の手配や管理といった中世前期から家妻の役割であったものが、中世後期でも引き続き家妻の役割となっているが、とくに戦国時代は家領《けりょう》の荘園《しょうえん》からの収入が減少しているため、やりくりは家妻の裁量にまかされることになる。

中世後期になって家妻の役割になるのが、追善仏事《ついぜんぶつじ》の運営である。室町時代になると、歴代の祖先を遡《さかのぼ》って祀る家の祖先祭祀が成立し、その祭祀空間が寺院から自邸に移ってくる。戦国時代の家では、自邸で行うようになった追善仏事の実質面運営が家妻の役割になってくる。

家業にかかわる役割も、中世後期になって家業が世襲化され、父から嫡子一人に継承されるようになると、摂関家でも一般公家でも家妻の役割に加わってくるものであるが、家業は摂関家と一般公家とは違い、一般公家の中でも家により家業は違うので、家妻のかかわり方は違ってくる。

戦国時代、摂関家の正妻は、夫の政治向きを支えていく。正妻は政治向きにかかわることについて消息《しょうそく》によって、夫の意思を伝達・取り次ぐ役割をもっていた。ただ、正妻が夫の意思を伝達するのは正妻の親族に対してであり、この点から考えると、摂関家にとってどの家と婚姻関係を結ぶかは、家業維持の上で重要な問題となってくる。また、近衛家は足利将軍家《あしかがしょうぐんけ》と外戚《がいせき》関係になるが、その場合には、正妻の役割の中に将軍家との関係をよりよく保つ役割が加わってくる。正妻は、外戚として幕政《ばくせい》にも口入《くにゅう》していくようになるが、これは正妻には家妻として家長《かちょう》への取次ぎ役という役割があり、この役割から家長の代行をしたのだといえる。

一般公家の家妻も、家業にかかわる役割を果たしている。たとえば天皇の御服《ごふく》を調製するのが家業の山科家《やましなけ》では、代表者は家長であるが、家内で行われる実質面では家妻が重要な役割を持ち、その技術は父の正妻から嫡子の正妻へ継承されていく。

このように戦国時代の摂関家・一般公家においては、対社会的に家を代表するのは男性の家長であるが、家妻は家長の公的役割の一部を家内で担っていたのである。

以上、戦国時代になり、婚家の家業に重要な役割を果たすようになる正妻は、婚家の一員と認識されるようになる。戦国時代の家では、摂関家でも一般公家でも名字《みようじ》が「家《いえ》の名《な》」として定着しており、正妻は婚家の名字（家の名）を名乗るようになる。摂関家の正妻は「婚家の名字（家の名）＋女中」、北政所となると「婚家の名字（家の名）＋北政所」と呼ばれ、一般公家の場合は「婚家の名字（家の名）＋向名《むきな》」「婚家の名字（家の名）＋女中」と呼ばれている。そして正妻が名乗る婚家の名字（家の名）は、父の正妻から嫡子の正妻へ引き継がれていく。この時代にも、公的な場合には実家の「氏の名《うじな》」と成人名を用いるが、摂関家の正妻以外は使用する機会が少なくなる。戦国時代は夫婦別氏《ふうふべつうじ》で、夫婦同名《ふうふどうみよう》字《じ》（家の名）といえる。

この「正妻は婚家の一員である」という認識は、墓地にも現れてくる。氏のメンバーと認識されていた平安時代は、女性は結婚しても実家の氏の墓に入っていたが、室町時代には婚家の墓域に入るようになり、戦国時代になると婚家の家の墓地に夫とともに入っていくようになり、夫婦同墓地《ふうふどうぼち》になる。そして父の正妻と嫡子の正妻も同墓地になっていく。

このように戦国時代の摂関家・一般公家の正妻について考察してきたが、では戦国時代の女性について考えることには、どのような意味があるのだろうか。今日応仁の乱にはじまる戦国時代を日本史にとって大転換期だととらえる機運が高まっているが（勝俣鎮夫「一五―一六世紀の日本」『岩波講座日本通史』中世4、岩波書店、一九九四年）、女性のあり方についても戦国時代は大きな転換期であり、現在の女性のあり方もこの時代を出発点としていることが多いということを、本書で明らかにできたと思う。

婚姻関係の変化

室町時代から江戸時代初期まで、天皇家では皇后が立てられなかった。そのため戦国時代の摂関家では天皇家に娘を入れることができなかった。摂関家の娘は、摂関家の嫡子の正妻になる以外は、尼僧となり寺院に入っている。ただ、戦国時代末期に近衛家《このえけ》の娘が二代つづけて室町将軍の御台所《みだいどころ》となっている。しかしその後、室町幕府は崩壊してしまうので、摂関家と将軍家との関係も閉ざされることになる。一方、摂関家の正妻は摂関家か上級公家から娘を迎えるのが、通常となっていた。そしてこの婚姻によって結ばれた関係が家業確立に役立っていくことになる。

公家にとって最高の地位である摂政・関白は、五摂家《ごせっけ》からしか選ばれなかったが、豊臣《とよとみ》秀吉《ひでよし》は、摂関家近衛前久《このえさきひさ》の養子となって関白に就任する。関白となった翌年、皇位を継ぐはずであった誠仁親王《さねひとしんのう》が急死し、その第一子和仁親王《かずひと》が皇位につく。後陽成天皇《ごようぜいてんのう》である。

秀吉は、この後陽成天皇に、近衛前久の娘を養女とし、女御《にょうご》として入内《じゅだい》させる。戦国時代の摂関家では、家柄ゆえに娘を宮中へ女官《にょかん》として奉仕させることもなかったので、天皇とは意思疎通が十分ではなくなっていたが、近衛前久の娘の入内によって道がひらけることになる。

関白職については、秀吉が死去し、関ケ原《せきがはら》の戦《たたか》いがあった慶長《けいちょう》五年（一六〇〇）、摂関家の九条兼孝《くじょうかねたか》が関白に就任、再び関白職が公家の手にもどると、その後、近衛信尹《のぶただ》、鷹司信房《たかつかさのぶふさ》が関白となり、以来五摂家の家長が歴任していくようになる。

その後、江戸時代になって、天皇の結婚が復活してくると、摂関家の娘が正妻（皇后）になることを通常とする考え方が定着してくる。江戸時代、摂関家の娘が天皇の正妻（皇后）になっている天皇を一覧にしてみよう。

〈天皇〉	〈正妻（皇后）〉
後陽成天皇	近衛前久の娘（豊臣秀吉養女）前子
霊元《れいげん》天皇	鷹司教平の娘房子
中御門《なかみかど》天皇	近衛家熙の娘尚子

桜町《さくらまち》天皇　二条吉忠の娘舎子
桃園《ももぞの》天皇　一条兼香の娘富子
後桃園《ごももぞの》天皇　近衛内前の娘維子
仁孝《にんこう》天皇　鷹司政熙の娘熙子
孝明《こうめい》天皇　九条尚忠の娘夙子

江戸時代の天皇は十五人であるが、そのうちの明正《めいしょう》天皇・後桜町《ごさくらまち》天皇の二人は女帝で、一人は正妻のいないままに死去した後光明《ごこうみよう》天皇なので、この三人を除く十二人のなかで、八人が五摂家の娘を正妻にしていることになる。残る四人の一人である後水尾《ごみずのお》天皇は、正妻和子《まさこ》が徳川《とくがわ》将軍秀忠《ひでただ》の娘で、他はやむをえない事情によるものであった。

このように、摂関家の娘が天皇の正妻（皇后）になる考えが定着してくると、皇女が摂関家の嫡子と婚姻し、摂関家の正妻になることが多くなる。後陽成天皇皇女の清子内親《きよこないしん》王《のう》・貞子《さだこ》内親王、後水尾天皇の皇女である梅宮《うめのみや》・女二宮・賀子《よしこ》内親王・常子《つねこ》内親王、後《ご》西《さい》天皇の皇女である益子《ますこ》内親王、霊元天皇の皇女である憲子《のりこ》内親王・栄子《ながこ》内親王といった江戸時代前期の歴代の天皇の皇女が摂関家の正妻になっている。

この皇女たちの嫁ぎ先をみてみると、近衛家には尚嗣《ひさつぐ》に後水尾天皇皇女の女二宮、基熙《もとひろ》に後水尾天皇皇女の常子内親王、家熙《いえひろ》に霊元天皇皇女の憲子内親王と三代続いて皇女が正妻になっている。二条家でも康道《やすみち》に後陽成天皇皇女の貞子内親王、光平《みつひら》に後水尾天皇皇女の賀子内親王、綱平《つなひら》に霊元天皇皇女の栄子内親王と三代続いて皇女を正妻に迎えている。鷹司家では信尚《のぶひさ》が後陽成天皇皇女の清子内親王、教平《のりひら》が後水尾天皇皇女の梅宮と二代続けて皇女を正妻に迎えている。九条家でも輔実《すけざね》が後西天皇皇女益子内親王を正妻に迎えている（図14参照）。

こうして天皇に正妻（皇后）が置かれるようになる江戸時代前期に、皇女が摂関家の正妻になることが目立っている。戦国時代には天皇家と摂関家の意思疎通が十分でなかったが、前子の入内を経て摂関家の娘が皇后となり、皇女が摂関家の正妻になるようになると、天皇家と摂関家の関係が親密となる時代へと変化していく。これは、徳川家康《いえやす》が摂関家を中心とする公家社会を立て直して、摂関・関白を朝廷運営の要《かなめ》として機能させ、その後の幕府の方針としたことと関係があるのだろう（久保貴子『近世の朝廷運営』岩田書院、一九九八年）。

つぎに、将軍家と摂関家との婚姻関係をみていこう。戦国時代の末に近衛家と室町幕府

図14　天皇家・将軍家と摂関家の婚姻関係図

①近衛家

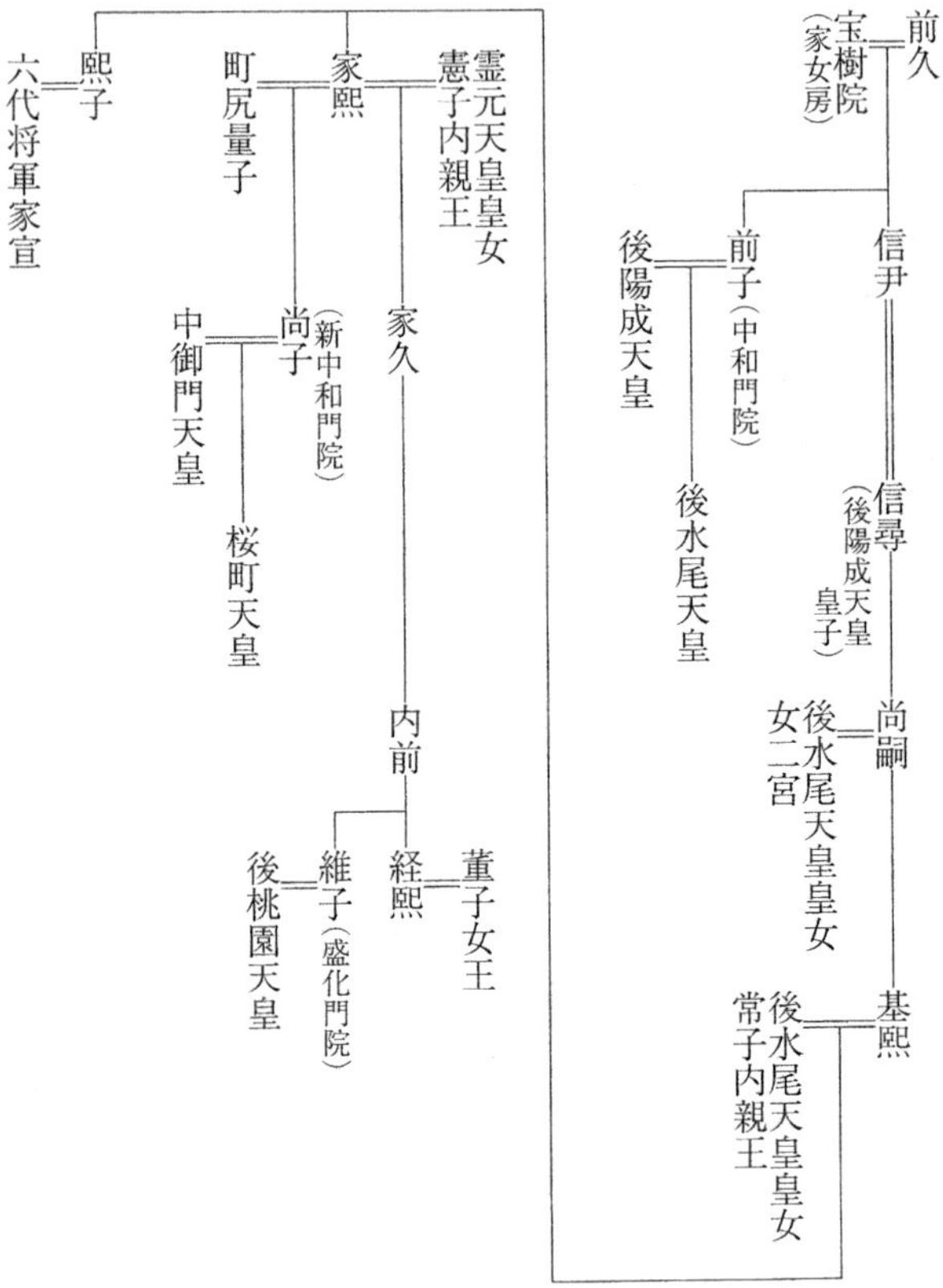

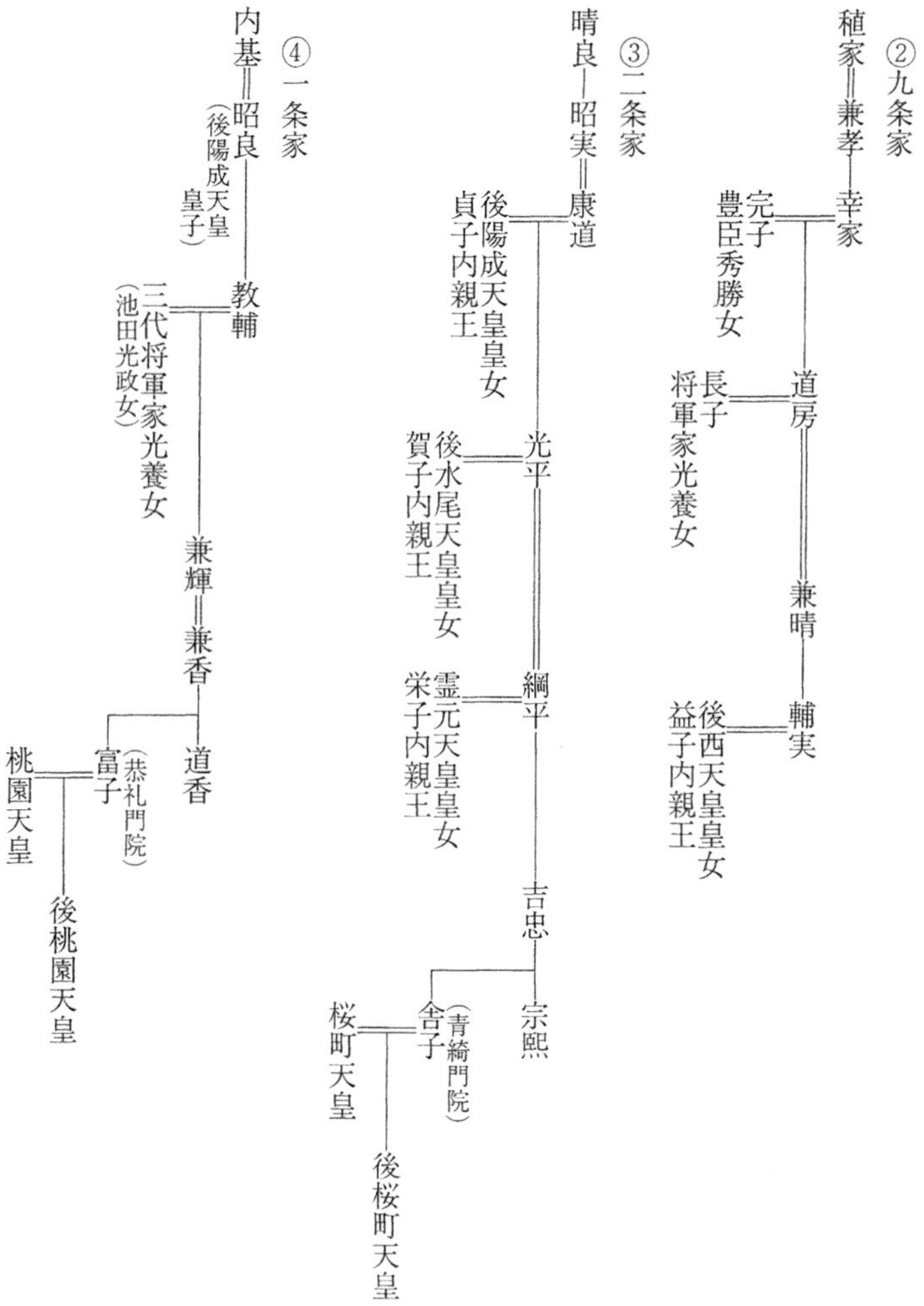
②九条家
稙家
兼孝
幸家
完子
豊臣秀勝女
道房
長子
将軍家光養女
兼晴
輔実
益子内親王
後西天皇皇女
③二条家
晴良
昭実
康道
貞子内親王
後陽成天皇皇女
光平
賀子内親王
後水尾天皇皇女
綱平
栄子内親王
霊元天皇皇女
吉忠
宗熙
舎子
(青綺門院)
桜町天皇
後桜町天皇
④一条家
内基
昭良
(後陽成天皇皇子)
教輔
三代将軍家光養女
(池田光政女)
兼輝
兼香
道香
富子
(恭礼門院)
桃園天皇
後桃園天皇

⑤鷹司家

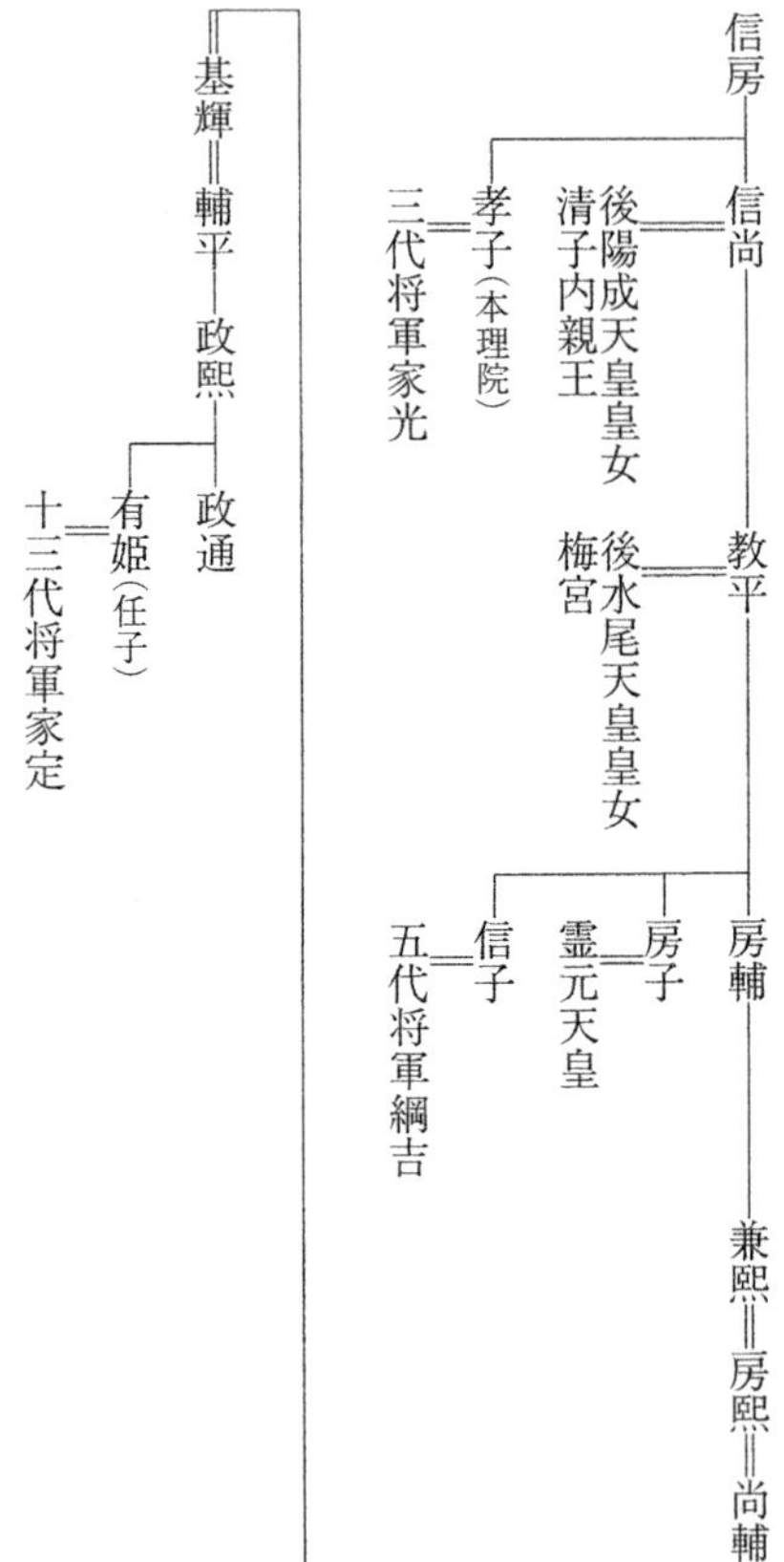

の将軍家との婚姻が結ばれたが、室町幕府の崩壊で閉ざされることになった。江戸幕府となり、二代将軍秀忠の娘和子が後水尾天皇に入内するようになると、その後、将軍家では歴代将軍の正妻（御台所）は、摂関家か皇族の娘（養女を含む）に限られてくるようになる。歴代の将軍で正妻（御台所）が摂関家の娘の場合をあげておこう。

〈将軍〉　　　　　〈御台所〉

三代将軍　家光《いえみつ》　鷹司信房の娘孝子

五代将軍　綱吉《つなよし》　鷹司教平の娘信子

六代将軍　家宣《いえのぶ》　近衛基煕の娘煕子

十一代将軍　家斉《いえなり》　近衛経煕の養女（実父は島津重豪）茂姫

十三代将軍　家定《いえさだ》　鷹司政煕の娘で同政通の養女有姫（任子）

任子死去後、一条実良の娘寿明姫（秀子）

秀子死去後、近衛忠煕の養女（実父は島津忠剛）篤姫（敬子）

十五代将軍　慶喜《よしのぶ》　一条忠香養女延姫（美賀子）

幕府では、二代将軍秀忠の娘和子が後水尾天皇の正妻になると、三代将軍家光以降、将軍家では正妻（御台所）を摂関家か親王家から迎えることになる。これは結果的には天皇の正妻の出自《しゅつじ》と同じになるが、対等になったというわけではないと考えられている。また、このころになると、尾張《おわり》・紀伊《きい》・水戸《みと》の御三家《ごさんけ》も摂関家や親王家の娘を正妻に迎えている。

このように将軍の正妻に摂関家の娘を迎えるようになると、摂関家でも九条道房《みちふさ》が家光の養女（松平忠通の娘、家光の姪）、一条教輔《いちじょうのりすけ》が家光の養女（池田光政《いけだみつまさ》の娘、家光の姪の娘）というように、将軍の養女を正妻に迎えたり、また御三家の娘を迎える場合も多くみられるようになる。

以上のように、天皇の正妻がほぼ摂関家の娘に独占され、将軍の正妻も摂関家の娘か親王家の娘を迎えるようになると、幕府の摂関家重視は公家社会に浸透することになり、摂関家と一般公家の家格差が確定的となっていく。

また、天皇と摂関家とのあいだに婚姻関係がなかった戦国時代には、天皇と摂関家のあいだには意思疎通が困難な点もあったが、江戸時代になって天皇と摂関家が姻戚になることによってそれは徐々に解消されていく。また、幕府は摂関家・親王家と将軍家との婚姻を進めることで、朝廷の中枢に私的に容喙《ようかい》可能な体制を作っていくことになる。

夫の日記と妻の日記

日記を日ごとに書き記した公私の生活記録の意味とすると、女性の手になった日記というものは、その数がきわめて少ない。その中でも妻の日記となるとさらに少なく、戦国時代のものは今のところ見あたらない。そのため、本書でも家長である男性が書いた家の日記を史料として、家長の側から見た妻の生活を見ていくしか方法がなかった。紙背文書《しはいもんじょ》の妻の消息も記主の家長の意思で残されたものであった。

ところが江戸時代になると、摂関家の正妻の日記が残されていることを、斎木一馬氏が紹介されている（『古記録の研究』下、吉川弘文館、一九八九年）。その一つに江戸時代初期の近衛基熙の正妻（後水尾天皇皇女常子内親王）の日記『无上法院殿御日記《むじょうほういんどのごにっき》』がある。この日記には、家長である夫の日記『基熙公記《もとひろこうき》』も存在している。家長の日記は家の日記であるが、同時に存在する妻の日記はどのような意味を持っていたのだろうか。

斎木一馬氏が、中世末に大外記《だいげき》中原師廉《なかはらもろかね》の妻が、夫の死後、嫡子師生《もろお》がまだ幼いため、代筆したとされる日記があることを紹介されている（『古記録の研究』下）。この日記については、本来家の当主が記してきた家の日記を、跡継ぎが幼くて書き継ぐことができないために母親が代筆したもので、男性のみ関わってきた「日記の家」の機能を女性もともに維持するようになった事例であるとされている（松薗斉「中世の女性と日記」）。この場合は嫡子の代筆であり、今取り上げようとしている妻の日記とは性格が違う。

『无上法院殿御日記』は、儀式の次第は略記して「くはしき事は内府(基熙)日記にあり」（寛文《かんぶん》六年正月十六日条）として、儀式など表立ったことは夫の日記に譲って、妻の日記にはあまり記載していない。一方、家内で行う妻の役割は、妻の日記にくわしく記されている。たとえば、東福門院《とうふくもんいん》（後水尾天皇皇后）の葬送の記事である。諒闇《りょうあん》についての儀礼は基熙も日記にくわしく記しているが、妻の日記には諒闇の装束《しょうぞく》の染色法についてくわしく記している。そこには「家の記録にありとて左府（基熙）下知のままにす」（延宝《えんぽう》六年六月二十七日条）とあり、近衛家の記録をしらべて記している。染色や裁縫は、戦国時代の山科家でも妻が家の技術として継承していたことをみたが（一〇三頁）、近衛家でも家の方法が家の記録に記されており、妻の役割として継承されていくもので、それを妻が自分の日記に記述したことになる。

これらから、夫の日記『基熙公記』と妻の日記『无上法院殿御日記』は、セットになっていて、儀礼など家の日記としての記述は夫の日記に記され、家内で行う妻の役割は妻の日記に記す。妻の日記に記されるものも、夫の日記と関連し、一つの行事や事柄にたいして表立つことは夫の日記に、家内で妻の役割となるものは妻の日記にと、分けて記述しているようである。

本書で述べてきたように、中世の家は夫と妻により役割分担して運営されていたが、その関係が江戸時代初期の摂関家の家にも引き継がれ、家長の役割は夫の日記に、家妻の役割は妻の日記に記したのではないだろうか。この点については、今後の課題とし、別の機会にまとめられたらと思う。

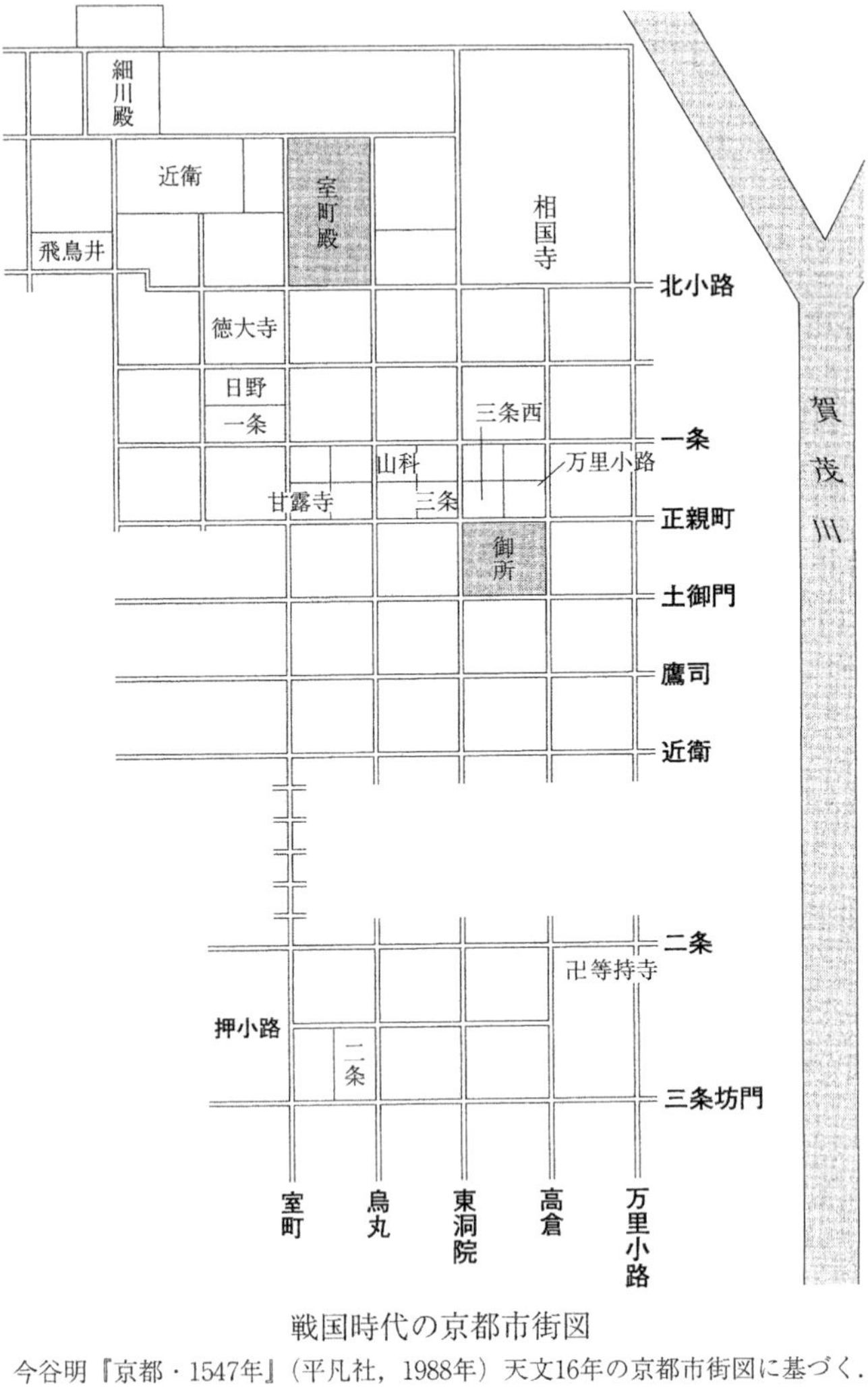

戦国時代の京都市街図

今谷明『京都・1547年』（平凡社，1988年）天文16年の京都市街図に基づく．本書に登場する家を図示．なお，鷹司家・九条家の位置ははっきりしない．

あとがき

本書では、戦国時代に摂関家や一般公家の正妻が、家業運営に重要な役割を分担するにしたがい、婚家の一員と認められ、婚家の名字を名乗り、婚家の墓地に入っていくようになると述べてきた。私がこのような道筋を考えるようになるきっかけを述べたいと思う。

まず、脇田晴子氏の「中世の家は家政の家父長と家妻による共同統括が特徴である」という提唱にふれたことがきっかけとなって、中世の公家の正妻が家妻として家内でどのような役割を分担していったのか、史料から具体的に明らかにしていった。

その後、総合女性史研究会の大会で、中世の公家の妻の墓地について報告することになる。史料を探し、分析していくうちに公家の正妻が婚家の家の墓地に入っていく過程が明らかとなり、さらにこれは正妻が家妻として家業に協力していったために、婚家の構成員であると認識された結果だと考えるようになった。

そのように考えていたところ、東京大学東洋文化研究所の関守ゲイノー先生から、拙稿「家における女性の日常と役割―中世後期の各階層をめぐって―」を英語圏に紹介したいといわれた。この論文は中世後期における各階層の妻たちの役割について考察したものであった。関守先生に「妻の役割を研究して見えてきたものは何ですか」と聞かれ、私が妻の墓地について考えていることを話すと、「それはいい、それを最後の章として入れましょう」といわれた。そして妻の役割と妻の墓地に関する論文が、関守先生の編集によって英訳され、「THE LIVES AND ROLES OF WOMEN OF VARIOUS CLASSES IN THE IE OF LATE MEDIEVAL JAPAN」と題して、雑誌『ASIAN STUDIES』（3―2 CAMBRIDGE UNIVERSITY PRESS 2006年）に掲載された。このようにして私のなかで妻の役割と墓制がつながっていくことになる。

ちょうど同じころ、吉川弘文館から「歴史文化ライブラリー」に戦国時代の摂関家の妻について書くようにとのお勧めをいただいた。この話は私にとってとても幸せなことであった。というのはこれまでの研究では摂関家を除いた公家の妻を対象としていたので、次は摂関家の妻について考えるというのが、母校の国学院大学で博士号を取得した時、主査をしてくださった千々和到先生との約束であったからだ。いい機会を与えていただいたので、いままでの積み重ねの上に摂関家の妻を加え、戦国時代の公家層の妻の全体像を明らかにしたいと懸命に取り組んだ。

本書では摂関家の正妻を中心に、一般公家の正妻と比較しながら、妻のあり方を述べていくことになる。本書を執筆していくなかで正妻が婚家の名字を名乗るようになるのと、婚家の墓地に入っていくようになるのが同じ時期であり、婚家の一員と認識されたことが背景にあると考えるようになった。妻の名字と墓地は現在も関心の高いテーマであるが、本書がこのテーマを考えていく上で一つの参考になれば、幸せである。

なお、吉川弘文館編集第二部の斎藤信子さんには前著『中世公家の家と女性』の時にもいろいろお世話になったが、今回はさらに多くの励ましとご助言をいただいた。また製作段階では編集第一部の阿部幸子さんにお世話になった。ここに心から感謝したいと思う。

二〇〇九年一月

後藤みち子

主要参考文献

研究文献

飯沼賢司「女性名から見た中世の女性の社会的位置」『歴史評論』四四三、一九八七年
「後家の力」峰岸純夫編『家族と女性』吉川弘文館、一九九二年
「日本における夫婦別姓の特異性」『歴史評論』六三六、二〇〇三年
梅村恵子「摂関家の正妻」青木和夫先生還暦記念会編『日本古代の政治と文化』吉川弘文館、一九八七年
海老澤美基「中世後期の一条家の妻たち―「家」の妻、その存立基盤と継承―」前近代女性史研究会編『家・社会・女性　古代から中世へ』吉川弘文館、一九九七年
久保貴子「江戸時代―武家社会のはざまに生きた皇女」服藤早苗編『歴史のなかの皇女たち』小学館、二〇〇二年
『徳川和子』吉川弘文館、二〇〇八年
久留島典子「婚姻と女性の財産権」『女と男の時空』Ⅲ中世、藤原書店、一九九六年
後藤みち子「「家」における女性の日常と役割―中世後期の各階層をめぐって―」『女と男の時空』Ⅲ中世、藤原書店、一九九六年
『中世公家の家と女性』吉川弘文館、二〇〇二年

「衣料生産とジェンダー―中世後期公家の場合―」黒田弘子・長野ひろ子編『エスニシティ・ジェンダーからみる日本の歴史』吉川弘文館、二〇〇二年
「中世公家の墓制にみる夫婦と「家」」『総合女性史研究』第二三号、二〇〇六年
坂田　聡　「中世の家と女性」『岩波講座日本通史』八、中世二、岩波書店、一九九四年
『苗字と名前の歴史』吉川弘文館、二〇〇六年
菅原正子　『中世公家の経済と文化』吉川弘文館、一九九八年
『中世の武家と公家の「家」』吉川弘文館、二〇〇七年
瀬川淑子　『皇女品宮の日常生活』岩波書店、二〇〇一年
高橋秀樹　『日本中世の家と親族』吉川弘文館、一九九六年
『中世の家と性』山川出版社、二〇〇四年
高群逸枝　『平安鎌倉室町家族の研究』栗原弘校訂、国書刊行会、一九八五年
田端泰子　『日本中世女性史論』塙書房、一九九四年
『日本中世の社会と女性』吉川弘文館、一九九八年
辻垣晃一　「嫁取婚の成立時期について―公家の場合―」『比較家族史研究』第一五号、二〇〇一年
角田文衛　『日本の女性名』上・中・下、教育社歴史新書、一九八〇・八七・八八年
野村育世　『家族史としての女院論』校倉書房、二〇〇六年
服藤早苗　『家成立史の研究―祖先祭祀・女・子ども』校倉書房、一九九一年
『平安朝の家と女性　北政所の成立』平凡社選書、一九九七年

『平安王朝社会のジェンダー――家・王権・性愛』校倉書房、二〇〇五年
「平安中期の婚姻と家・家族」加納重文編『講座源氏物語研究　源氏物語とその時代』二〇〇六年
藤木邦彦『平安王朝の政治と制度』吉川弘文館、一九九一年
細川涼一「女性・家族・生活」歴史学研究会・日本史研究会編『日本史講座』第四巻、東京大学出版会、二〇〇四年
松田敬之『次男坊たちの江戸時代』吉川弘文館、二〇〇八年
松薗　斉「中世の女性の日記――「日記の家」の視点から――」『金沢文庫研究』二八五、一九九〇年
湯川敏治『戦国期公家社会と荘園経済』続群書類従完成会、二〇〇五年
義江明子『日本古代女性史論』吉川弘文館、二〇〇七年
脇田晴子『日本中世女性史の研究』東京大学出版会、一九九二年
『中世に生きる女たち』岩波新書、一九九五年

史　料

『改訂史籍集覧　拾芥記』臨川書店、一九八四年
『実隆公記』続群書類従完成会、一九五八―六二年
『史料纂集　言国卿記』続群書類従完成会、一九六九―九五年
『史料纂集　言継卿記』続群書類従完成会、一九六六―六七年

『史料纂集　元長卿記』続群書類従完成会、一九七三年
国史大系編修会編『新訂増補国史大系　後鑑』吉川弘文館、一九六四―六六年
『増補史料大成　親長卿記』臨川書店、一九六五年
『増補史料大成　宣胤卿記』臨川書店、一九六五年
『増補続史料大成　大館常興日記』臨川書店、一九六七年
『増補続史料大成　後法興院記』臨川書店、一九六七年
『増補続史料大成　大乗院寺社雑事記』臨川書店、一九七八年
『増補続史料大成　親俊日記』臨川書店、一九六七年
東京大学史料編纂所編纂『大日本古記録　後法成寺関白記』岩波書店、二〇〇一年（続刊中）
『図書寮叢刊　九条家文書』明治書院、一九七一―七七年
『陽明叢書記録文書篇　後法成寺関白記』思文閣出版、一九八五年

著者紹介

一九三五年、東京都に生まれる
一九五七年、国学院大学文学部史学科卒業
二〇〇五年、博士(歴史学)

主要著書・論文

中世公家の家と女性　中世公家の墓制にみる夫婦と「家」(『総合女性史研究』二二)

歴史文化ライブラリー
269

戦国を生きた公家の妻たち

二〇〇九年(平成二十一)四月一日　第一刷発行

著　者　後《ご》藤《とう》みち子《こ》
発行者　前田求恭
発行所　株式会社 吉川弘文館
東京都文京区本郷七丁目二番八号
郵便番号一一三―〇〇三三
電話〇三―三八一三―九一五一〈代表〉
振替口座〇〇一〇〇―五―二四四
http://www.yoshikawa-k.co.jp/
印刷＝株式会社平文社
製本＝ナショナル製本協同組合
装幀＝清水良洋・渡邉雄哉

歴史文化ライブラリー

1996.10

刊行のことば

現今の日本および国際社会は、さまざまな面で大変動の時代を迎えておりますが、近づきつつある二十一世紀は人類史の到達点として、物質的な繁栄のみならず文化や自然・社会環境を謳歌できる平和な社会でなければなりません。しかしながら高度成長・技術革新にともなう急激な変貌は「自己本位な刹那主義」の風潮を生みだし、先人が築いてきた歴史や文化に学ぶ余裕もなく、いまだ明るい人類の将来が展望できていないようにも見えます。このような状況を踏まえ、よりよい二十一世紀社会を築くために、人類誕生から現在に至る「人類の遺産・教訓」としてのあらゆる分野の歴史と文化を「歴史文化ライブラリー」として刊行することといたしました。

小社は、安政四年(一八五七)の創業以来、一貫して歴史学を中心とした専門出版社として書籍を刊行しつづけてまいりました。その経験を生かし、学問成果にもとづいた本叢書を刊行し社会的要請に応えて行きたいと考えております。

現代は、マスメディアが発達した高度情報化社会といわれますが、私どもはあくまでも活字を主体とした出版こそ、ものの本質を考える基礎と信じ、本叢書をとおして社会に訴えてまいりたいと思います。これから生まれでる一冊一冊が、それぞれの読者を知的冒険の旅へと誘い、希望に満ちた人類の未来を構築する糧となれば幸いです。

吉川弘文館

〈オンデマンド版〉
戦国を生きた公家の妻たち

On Demand
歴史文化ライブラリー
269

2019年（令和元）9月1日　発行

著　者　後藤《ごとう》みち子《こ》
発行者　吉川道郎
発行所　株式会社　吉川弘文館
〒113-0033　東京都文京区本郷7丁目2番8号
TEL　03-3813-9151〈代表〉
URL　http://www.yoshikawa-k.co.jp/

印刷・製本　大日本印刷株式会社
装　幀　清水良洋・宮崎萌美

後藤みち子（1935～）

ISBN978-4-642-75669-3